Un jour, il n'y aura plus de pères

Vers emprunté à Paul Eluard,
« Un jour, il n'y aura plus de pères », *in*
« Oser et l'espoir », issu de *La Rose publique*,
recueilli dans *La Vie immédiate*.

David Frèche

Un jour, il n'y aura plus de pères

Roman

éditions du
ROCHER

Éditions du Rocher
28 rue Comte Félix Gastaldi – BP 521 – 98015 Monaco

www.editionsdurocher.fr

ISBN : 978-2-268-11081-3
EAN Epub : 9782268110974

À Patrick, mon ami, mon père,
notre relation est une conversation ininterrompue.

Violette rêvait de bains de lait
De belles robes de pain frais
De belles robes de sang pur
Un jour il n'y aura plus de pères
Dans les jardins de la jeunesse
Il y aura des inconnus
Tous les inconnus

Paul ÉLUARD

Certes ma vie est déjà pleine
de morts. Mais le plus mort
des morts est le petit garçon
que je fus. Et pourtant, l'heure
venue, c'est lui qui reprendra
sa place à la tête de ma vie.

Georges BERNANOS

Alger

Là-bas aussi,
les rues portent les noms des morts,
mémoire du souvenir,
écriture de la narration,
aspirée par le refus de l'avenir,
lettres de sang jamais séché,
grosse mouche sans ailes.
Écrivains, penseurs, professeurs,
oubliés sous la croix
du « t » des martyrs.
Une ville rivage
que la mer semble avoir recouverte.
Heureux Camus qui n'a pas vu
cette usure de l'ennui,
cette chute des femmes,
ces immeubles ronds lavés de tristesse,
mornes coquillages où l'on entend
l'écho du temps, le silence des ruines,
le long cri du ressenti.
Alger la blanche est devenue grise.

David Frèche

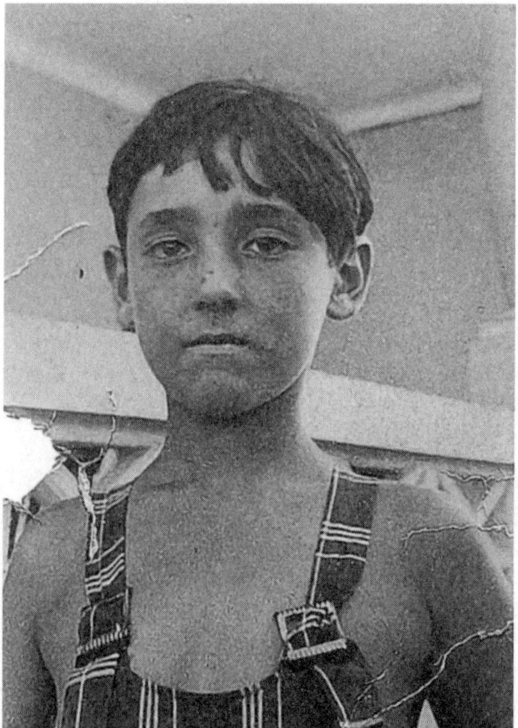

À mi-chemin d'Alger et d'Al Bliar, la nature se fait soudain verdoyante. Il n'y a pourtant pas de contraste marqué avec les lacets escarpés de la sortie de la ville blanche. Les couleurs apaisent les angles de la roche. Surtout le tendre grès jaune des coteaux jonchant la première partie du chemin, qui dissémine son calme.

La journée, le vert éclatant apporte une nouvelle harmonie, et la terre de l'Algérois semble se rappeler à l'homme. Dans le dernier kilomètre, des norias mahonnaises plongent dans ce sol spongieux. Une odeur sucrée de jasmin et de chèvrefeuille se fait de plus en plus forte. Au milieu de ces fleurs, on peut deviner le départ des sentiers enfouis à l'ombre d'oliviers centenaires.

Une montée mène au plateau d'Al Bliar qui surplombe à la fois la baie d'Alger et la Kabylie. Juste avant, la route semble vouloir faire une courte halte. Dans le dernier tournant, sur le côté ouest, à l'endroit précis où les façades des premières maisons mauresques apparaissent sur les hauteurs, un homme avec un large turban est assis devant un grillage, une lampe à huile posée à ses côtés. L'hiver, la rapidité avec laquelle la nuit tombe surprend souvent.

Une odeur d'huile, d'essence et de fer se dégage derrière lui. Une Oldsmobile vert d'eau est garée près du grillage. Un peu plus loin, on peut voir de puissantes machines : des roulottes, des jeeps, une dizaine de Harley Davidson… Sur le côté, des engins de levage cachent un long entrepôt. L'intérieur abrite une véritable caverne d'Ali Baba industrielle : pneus d'avions empilés jusqu'au plafond, toutes sortes d'outils, pièces de mécanique de toutes tailles…

De l'autre côté de la route, le propriétaire des lieux apparaît devant la porte de son bureau. En costume de flanelle, le pantalon large cassant sur des chaussures parfaitement cirées, il tient à la main son chapeau. Il pose délicatement sa serviette pour enfiler son pardessus. En ce mois de janvier 1957, les nuits sont particulièrement fraîches. L'homme de taille moyenne se distingue par sa mise impeccable. Ses cheveux d'un brun profond semblent recouverts d'une fine laque légèrement brillante. Il a une élégance à la fois désuète et profondément masculine. Les épaules sont puissantes et accentuent le volontarisme qui se dégage de sa silhouette. La finesse de ses traits contraste avec l'angulosité de sa mâchoire et son front massif. Le regard est troublant tant il dégage un mélange de dureté, de bienveillance et aussi de malice. Son allure, son visage lui valent d'être souvent comparé à Humphrey Bogart.

Il met son chapeau d'un geste rapide, resserre la couronne d'un mouvement de pince avec son pouce et son index, tout en adressant un regard à l'homme au turban pour qu'il lui ouvre le grillage. En attendant, le patron sort son étui à cigarettes ; le métal luit tandis qu'il en choisit une délicatement, l'allume et la cale entre ses lèvres.

La nuit est maintenant noire, le gardien a pris avec lui la lampe à huile. La braise incandescente de la cigarette apparaît comme un premier point de lumière face à celles de la ville qui s'étendent dans les hauteurs. C'est justement vers elles que le patron se dirige. Il a tenu à voir son expert-comptable, Robert Journet, pour préparer la clôture des comptes de l'exercice 1956. Ce dernier attend également quelques explications sur des transactions importantes qu'il n'a pas comprises. C'est pourtant simple : le propre du métier de ferrailleur est justement de trouver des pièces uniques, peut-être sans réelle valeur intrinsèque, mais qui n'ont pas de prix pour celui qui en a besoin en urgence. Humphrey est un tueur dans ce domaine. Il n'a pas son pareil pour dénicher le boulon, le joint dont une entreprise importante va avoir besoin pour réparer une panne. Il a déjà expliqué la particularité de son métier à son jeune fils, un des nombreux jours où ils se baladaient ensemble dans l'entrepôt. Le gosse ne le lâchait pas, agrippant un bout de son pantalon.

— Tu vois ce morceau de fer ?

Le gamin avait marqué un temps car le truc était quand même un peu sophistiqué et il avait l'habitude que son père se moque de lui. Mais celui-ci n'avait pas attendu sa réponse.

— Ça vaut cher. Un forage est arrêté au Sahara, ce sont des Américains. Ils sont en train de devenir fous. Il leur manque une pièce qui prend des mois à fabriquer. C'est celle-ci !

L'enfant se souviendrait de l'œil rieur du père à ce moment.

— Je les rencontre demain.

Il n'a pas l'intention d'en dire plus à Journet. De toute façon, personne n'ose lui poser de questions, et les conversations, c'est lui qui les mène. Ce début d'année était chargé et il n'avait pu se libérer plus tôt. C'était plus simple d'y aller maintenant, un petit détour de moins d'une heure, juste avant de rentrer chez lui, à Alger.

Il s'avance vers l'Oldsmobile, échange quelques mots en arabe avec le gardien. La lumière de la lampe à huile se reflète sur la carrosserie, dessinant un halo orangé sur la moitié de son visage.

Le vieillard referme le grillage au passage de la voiture.

Il aurait pu faire la route les yeux fermés jusqu'à la rue Valentin-Hauy. Il connaît chaque arbre, chaque maison avec ses jardins, ses murets.

Cinq minutes plus tard, il est arrivé.

Il gare sa voiture, prend la serviette sur le fauteuil passager, ferme la porte à clef, fait quelques pas vers l'immeuble du comptable et s'effondre.

Le projectile de 9 mm du Luger Po8 a parcouru 10 mètres à une vitesse de 200 mètres par seconde. À cette distance, détonation et impact sont concomitants. Cela doit être beau, une balle qui file dans la nuit. Après le choc, c'est une autre histoire… Ce n'est plus du tout joli à voir, c'est même un sacré bordel. Cette balle-ci a traversé la veste, un carnet à spirale qui recouvrait une photo du petit, la chemise blanche, à l'endroit précis ou le *F* de son nom était brodé, pour finir en plein cœur dans une bouillie de poudre, de papier, de tissu, de chair et de sang. Une autre a suivi presque immédiatement.

Aux alentours, les voisins ont bien entendu une séquence de bruits inhabituels : un coup de feu, une masse tombée, sûrement un corps, et puis peut-être une respiration haletante, sans hésitation un bruit métallique au sol et un homme courir…

Deux policiers arrivent les premiers sur les lieux. On entend l'un dire :

« Ils tombent comme des mouches », sans trop comprendre pourquoi. Et l'autre : « Pauvre gosse. » On apprendra par la suite qu'il avait ramassé le carnet perforé et replacé une petite photo d'identité d'un gamin de dix ou douze ans dont le visage avait été laissé intact. Il avait pensé à son propre enfant, et s'était dit que celui-là, sur la photo avec sa salopette, avait un regard dur. Il n'oublierait pas cette image. C'est peut-être parce qu'il avait vu ce visage et ces yeux qu'il avait poussé sa conscience professionnelle jusqu'à rechercher au sol la spirale défoncée du carnet.

Aucun des deux policiers ne trouve ironique que la rue qui porte le nom d'un pédagogue ayant dédié sa vie aux aveugles, Valentin-Hauy, ne soit pas éclairée.

À cinq kilomètres de là, au 41 rue de Lyon, l'enfant est seul dans l'appartement. Il entend la rumeur de la rue, les discussions des clients du Lion d'or, le café en bas de l'immeuble, qui sirotent une anisette, partagent du blibi et de la tramousse. Il voit toutes les femmes du clan au balcon, entourer sa mère qui est penchée vers la rue. Il comprend qu'elle parle avec Pierre, le fils de la famille corse qui tient ce café au pied de l'immeuble.

— Toujours rien ?

— Non.

À ce moment, sans véritable surveillance adulte, il pourrait penser à la Panhard bleue du fils garée en bas, à la fine moustache d'Areski qui s'affaire au service, au nerf de bœuf que le père corse planque toujours derrière le comptoir, et qui le fait flipper, sauf quand il est avec son père, car avec lui il se sent intouchable. Il pourrait justement, par association d'idées, penser à son père adoré, avec qui il va sûrement mercredi faire une virée en forêt. Ils ramasseront des glands et des feuilles de chêne. Il ne pense à rien de tout ça, une épaisseur le sépare d'hier et de tous les instants d'avant ; son univers est détaché du monde. Il ne parle pas et son esprit est ailleurs. Même si sa mère ne lui annoncera pas avant un long mois, l'électricité de la nuit l'enveloppe. Il sent de tout son corps et de toute son âme que l'enfant en lui est mort. Il appartient maintenant à la race des hommes qui savent que tout peut basculer en un instant.

Comme souvent, le point de départ est un fait irréfutable :

Un homme de quarante-neuf ans s'est fait assassiner dans la rue en pleine nuit.

On pourrait être un peu plus précis, plus dramatique, un peu accrocheur :

Assassinat d'un père de famille de quarante-neuf ans en pleine rue à Al Bliar.

Ceci est un récit, un point de vue parmi des milliers possibles de ce fait, pas si divers. Un point de vue se concentrant sur la victime, son fils, sa femme, son entrepôt, ses machines, son passé, son gardien, sa voiture et son futur qui disparaît. Il pourrait y avoir le récit de l'ordure qui l'a tué, un récit où d'ailleurs il ne serait pas une ordure, où on parlerait également de ses gosses et de sa femme. On s'arrêterait sûrement sur les heures, voire les minutes, qui ont précédé l'assassinat. On décrirait sa planque, l'attente, une longue phrase pleine de virgules comme son souffle haletant, le moment où sa victime rentrerait dans son champ de vision. On se demanderait : « A-t-il vu son visage ? » Et si non, le voir aurait-il changé la donne ? Un point de vue où le criminel ne serait pas un meurtrier, mais un combattant, et peut-être même une victime, lui aussi… Pourquoi pas ? On pourrait ensuite digresser sur les conséquences de ce crime de sang sur sa famille à lui, le bourreau/victime : ceux qui seront paralysés de culpabilité, ceux qui y verront au contraire le courage ultime, ceux qui ne vivront plus que par la violence et ceux au contraire qui la banniront. Beaucoup d'interprétations sont possibles, mais celles-ci ne sont pas notre histoire.

I

Elle semble hésiter. Elle était bien partie pourtant : un parcours net, compact tout le long et puis soudain une panne. Elle tremble un peu, là, et je pressens qu'elle ne va pas reprendre sa course mais s'allonger. Une chance sur deux ? La résistance de l'air la modèle. C'est factuel, une expression de plus des lois physiques sur la matière. Tout était joué d'avance. Rien d'autre ne m'intéresse que cette goutte d'eau égarée sur ma fenêtre. Derrière le verre, ses sœurs tombent par milliers, en se fracassant sur le sol, les briques, les parapluies, les crânes. Elles participent au décor du réel, mais cette infime quantité de liquide qui se détache en forme de sphère, sous mes yeux, c'est autre chose. Il n'y a plus de mesure qui compte, ce ne sont plus 0,050 millilitre de sulfate de sodium, de calcium et d'ammonium, mais un monde qui m'avale.

J'ai dû rester absorbé longtemps comme ça, à regarder ma vitre pour en arriver à cette conclusion. Pas possible de penser à des trucs pareils ! L'eau est maintenant tiède et dense. Mon corps se manifeste par des tremblements légers. J'ai froid. J'ai glissé progressivement à hauteur du cou pour faire durer au maximum cette sensation de douce couverture qui se répand sur les corps immergés à bonne température, mais là il va falloir que je sorte. Je pourrais remettre un petit coup d'eau chaude en m'aidant de mes doigts de pied si je n'avais pas cette flemme conquérante. Me sécher, sortir du bain, vider la baignoire, m'habiller ne me semblent plus être des tâches qui s'accomplissent naturellement, elles me demandent un effort presque insupportable. D'ailleurs, je dois réfléchir à leur ordre d'exécution.

Parfois, je ne sais plus vraiment agir, je n'ai plus prise sur mes actions. Je fais les choses en automate, mon esprit est un simple passager, mais, lorsque le robot se débranche, je ne sais pas comment le faire repartir, d'où le trip de la goutte. Encore dix longues minutes à hésiter comme ça. Je me fais violence et me retrouve debout à poil, l'eau jusqu'aux mollets, à me sécher pendant que le bain se vide. J'enfile laborieusement un peignoir, et lorsque le bruit du frottement de l'éponge sur ma peau s'arrête, la pluie reprend ses droits. C'est un lourd son monotone que le rire de mon fils interrompt.

Je le vois devant moi, avec ses yeux bleus et ses boucles blondes.

— *Papai vai tomar banho mamãe?*

Ma femme est derrière la porte, je ne vois rien d'elle, elle donne le change :

— *Sim amor papai vai tomar banho! Vem!*

Je prends la main de mon fils avec autant de douceur que je le peux pour l'accompagner hors de cet univers gris. Découvrir cette scène misérable, deviner ce qu'elle incarne me donne envie de vomir. Je veux qu'il sorte le plus vite possible. Je le remets à Michelle sans que nos regards se croisent.

Il est à peine 19 heures. Je hais la séquence d'angoisse et d'ennui qu'annonce cette soirée dominicale. D'aussi loin que je me souvienne, j'ai toujours eu horreur des dimanches. Pendant longtemps je n'ai su l'expliquer, et maintenant je pense que quand le rideau se ferme sur le week-end, avant que ne démarre un nouveau cycle, ce court intermède entre une fin et un commencement m'évoque la pire association, celle de la mort et du néant.

Côté positif, cet appartement est idéal pour les couples indépendants. J'entends par là qui font chambre à part. Cet étage est justement partagé en deux chambres, la nôtre, devenue la sienne, qui donne sur la rue, et mon bureau avec un lit d'une place, qui lui donne des allures de chambre d'étudiant. C'est dans cette pièce que je me traîne pour retourner dans cet ennui étanche. Je m'assois sur la chaise ; sans aucun objectif, le coude posé sur cet étroit bureau collé à la fenêtre, où les livres, les feuilles et les courriers se sont entassés.

La vibration fissure l'atmosphère. Cela fait longtemps que mon téléphone n'a plus de sonnerie. C'est fou comme la même intonation peut avoir une prosodie différente. Je connais par cœur ces doubles vibrations espacées, qui provoquent sur la table un ronronnement. Elles ne me font normalement aucun effet.

Je sais que c'est lui. Le téléphone est couché sur son écran, je le retourne et lis les trois lettres redoutées. *P H F.*

Au niveau du ventre, une douleur sourde remonte jusqu'à la poitrine. C'est comme un liquide épais qui se propage. Un anesthésiant noir qui me fait sentir tout le poids de la gravité. Il n'y a que lui qui me fait cet effet.

Je ne peux répondre tout de suite, et je sais que les vibrations ne se tairont pas.

J'essaie de respirer calmement, je pense à ma voix, le premier mot, la première phrase :

— Allô.

— Vu que tu fais passer tes petits états d'âme avant l'essentiel, une fois de plus je suis obligé de faire la voiture-balai.

Pierre a comme ça plusieurs expressions imagées, faites d'association de deux noms communs qu'il reprend souvent. Il aime beaucoup celle-ci. Je n'arrive pas à dire un mot, je sais qu'il parle des affaires. De quoi d'autre ? Je le savais avant même de décrocher. Là, il a le contrôle et je lui dois des comptes. Sa manière elliptique d'amener les sujets me rend fou. Je me doute, bien sûr, de quoi il parle, mais j'hésite à répondre. Dans ces moments, je sais que chaque mot peut déclencher l'apocalypse. Si je réponds « de quoi tu parles », il va penser que je me fous de sa gueule, ou que je suis un incompétent. Je n'arrive pas à me coucher. Il faut pourtant que je dise quelque chose. Je tente un « je suppose que tu parles de Walter », mais aucun son ne sort de ma bouche. Je m'en veux de ne pas me maîtriser, de ne pouvoir être calme et serein, et dérouler ma pensée. Je connais la situation par cœur avec les Américains, c'est ma partie, je la gère. Ce n'est pourtant pas compliqué de lui expliquer que oui, ils veulent vraiment aller au bout de la transaction, qu'il n'y a pas de doute, mais qu'ils comptent maintenant y intégrer la vente de notre navire amiral. Certes, c'est un changement, mais ça se gère, et là je temporise, car le bail est en renouvellement : je traite avec nos associés sur ce bien pour activer les choses et arriver avec un deal global. C'est si clair dans ma tête et pourtant, la seule chose que je trouve à lui dire :

— Si tu parles des Américains, ça avance…

— Ça avance, ça avance, ça veut rien dire ça avance ! Ça fait des mois que ça traîne, cette histoire. J'ai eu Hugot : qu'est-ce que Saint-Germain vient foutre là-dedans ?

Je suis acculé, à subir un interrogatoire sans rien maîtriser, victime d'un de ses moments de crispation. Je viens de sauter à pieds joints dans la mélasse.

— Oui, ils veulent aussi Saint-Germain.

Difficile de faire pire.

— Mais qu'est-ce que j'en ai à foutre de ce qu'ils veulent ! Ils peuvent aussi me demander de ramper. Mais putain, Adam, quand vas-tu apprendre que dans les affaires, tu prends ou tu te fais piller ? Tu ne sais pas marquer ton territoire et ça nous fait passer pour des gros faibles.

Ça y est, c'est parti. Je connais pourtant les règles, la volonté, la décision doivent être de notre côté à nous, les Fier, on ne subit pas celle des autres. Je sais bien que ça passe toujours, mais chaque mot est un coup de couteau qui s'enfonce dans ma chair.

Michelle ouvre la porte, pour me dire qu'elle commande japonais ; elle me demande si je veux quelque chose. Elle n'a pas vu que j'étais en ligne. Je le lui fais comprendre. Elle ne bouge pas. Le regard sombre, je fais un geste violent de la main pour la pousser à sortir. Elle reste devant moi, me regardant en oscillant la tête. Elle a compris, et je sais ce qu'elle pense.

— Je sais que tu n'aimes pas trop prendre de décisions, mais dans la vie il faut trancher. Il faut que tu organises un rendez-vous, pas par téléphone, et tu les envoies chier. C'est comme on veut et pas autrement. Bon, on va pas s'énerver, c'est trop important, je suis à Paris et je repars mardi dans le Sud, prends le premier train demain. Ciao !

Jusqu'à cet été, notre relation avait été une longue conversation ininterrompue et puis tout a explosé. Bien sûr, il y avait eu ces dernières années des séquences plus tendues que d'autres, mais l'amour et la sensation rassurante que m'apportait ma famille les avaient gommées. Il était la personne que j'aimais le plus au monde et je savais que c'était réciproque. Cette fois-ci était différente, un corps étranger s'était mis entre nous. Nous nous parlions dix fois par jour – pour un rien, pour tout – et depuis cette atroce journée de juillet, un silence de mort.

Je suis resté longtemps comme ça, le téléphone dans la main, sans arriver à mettre des mots sur mes sentiments. Au-delà du vide immense, c'était ce gâchis qui m'était intolérable.

Putain, nous avions tout.

II

Je vais souvent à Paris, presque deux fois par mois, toujours pour de courts séjours. La plupart du temps chez Julia ou dans le même hôtel à côté de mon ancien bureau.

Mes premières années à Londres, c'était une torture de revenir, et puis j'ai aimé cette vie entre deux, dans laquelle l'Eurostar est devenu une annexe. Ce train, j'en connais chaque voiture, chaque menu, chaque membre du personnel, leurs jours de repos et horaires, ceux qui habitent près de Paris, de Londres ou à la frontière et pourquoi ils ont fait ce choix. Détail qui a son importance, j'ai appris qu'ils ne sont pas salariés d'Eurostar mais d'une société qui a été créée uniquement pour gérer le service à bord. J'ai passé tellement de temps dans ce train ! C'est même là que j'ai demandé Michelle en mariage, sous le tunnel, quand le train ralentit, qu'il fait noir autour. Au moment où le réseau se coupe et qu'on sent une légère pression dans les oreilles. Elle a dit oui. J'aimais l'idée de ne pas savoir si nous étions en France ou en Angleterre. Je m'étais organisé pour avoir un de ces petits *booth*, compartiments privés dédiés aux PEP, les personnes exposées politiquement, mais le jour J, la responsable de bord, une femme grande et sèche que je n'avais jamais vue et qui avait un petit côté Javotte de Trémaine m'a refusé l'accès. Difficile à comprendre, la cabine était vide, cela ne changeait rien à sa vie, elle avait juste l'occasion de faire un peu de bien et elle a dit non.

— Madame, je ne sais pas si vous m'avez bien compris, je vais demander ma petite amie en mariage, c'est un moment particulier dans une vie, une joie à laquelle vous pouvez contribuer.

— Non.

— Okay.

Je m'étais dit qu'elle devait vraiment avoir une vie de merde et surtout qu'elle ne croyait pas au karma. Je pense avoir souhaité pendant huit minutes qu'elle crève. Quand j'ai raconté ça à Michelle, elle m'a répondu que, de toute façon, ma demande dans cette voiture 11, assis côte à côte, avec ces Russes en face de nous qui essayaient tant de passer pour des oligarques – à Londres avant l'invasion de l'Ukraine, être oligarque était une vertu – n'aurait pas pu être plus réussie. Quant à Javotte, elle devait faire partie de ces femmes qui haïssent les belles, me dit-elle. Elle avait une manière bien à elle de voir la situation, si différente de la mienne.

Je déteste voyager le matin. Les gens sont fermés et pressés, l'atmosphère électrique. Les passagers deviennent fous, les mecs de la sécurité sont tendus et les douaniers sont les seuls à prendre leur temps, ce qui rend encore plus fous les passagers. C'est surtout cette odeur, mélange de café froid, de transpiration tiède, d'haleines chaudes, de déodorants et de maquillages qui me gêne. Je fais tout pour ne pas prendre un train ou un avion avant 9 heures. À partir de cette heure, c'est une autre énergie, celle des gens qui ont le choix, le pouvoir de prendre le temps, de s'en foutre. Peut-être le plus grand des luxes. Tôt le matin, tous ces petits mouvements, ces nerfs en tension, ces paroles sèches, ces conversations à la con pour vérifier que le chien a bouffé ou que l'associé a bien reçu le mail envoyé à une heure du mat' finissent par produire un seul son grésillant et continu.

Il y a aussi les trains de l'après-midi. J'appelais celui du créneau 14 -16 heures le train des rentiers. Il n'y a que des gens qui font semblant de bosser qui peuvent voyager à des heures pareilles. Ceux que je préfère, ce sont les trains du soir. Parfois, ce sont les mêmes passagers que le matin, mais à cette heure-là, il semble que quelque chose en eux s'est libéré. Ils ne font pas les mêmes mouvements, leurs visages prennent des expressions différentes. La nuit, c'est autre chose. Les actions sont dissécables à l'oreille. Les bruits sont espacés et successifs. Une cuillère dans un pot en métal, la pression de la machine à café, une bribe de discussion, souvent une histoire de cœur, de cul, parfois un drame. Les problèmes de couches, de rougeole, de fuites ne font pas partie de l'environnement sonore des trains de nuit.

Je me suis un peu pressé pour avoir le train de 21 h 10 qui arrive à 23 h 40. Gare du Nord : les premiers pas sur le boulevard Magenta sont toujours une agression, un flot large et épais d'injures, d'odeurs de pisse, de murs sales, bref de laideur. Une mocheté moderne et plastique qui contamine centimètre par centimètre. Elle est ici visible plus qu'ailleurs, peut-être parce qu'elle contraste avec cette façade monumentale et ses vingt-trois statues qui représentent les destinations principales. Elles me rappellent qu'il y a eu un temps où le beau dans ce pays, cette ville, était au centre des grandes décisions urbaines. Ce filet de laideur m'étouffe aussi parce qu'il altère une gare, et que, moi, je trouve ça beau, une gare, avec tous ces destins qui se croisent. Quand je marche gare du Nord, il m'arrive souvent de revoir cette scène chez Eustache où un gamin, intellectuel fauché joué par Jean-Pierre Léaud, fait la cour à la maman, ou la putain je ne sais plus trop. En tout cas, le couple est assis côte à côte sur les banquettes du Train bleu, le restaurant de la gare de Lyon. Lui est original, sûr de lui, balance des conneries subtiles de cette voix articulée et empathique si reconnaissable des années 1970, du genre « Quand c'est chaud, c'est le chaud qu'on mange ». Elle écoute et se marre. C'est beau, désuet et élégant. Si français. Ce film passerait où aujourd'hui ? Au 5 guys de la gare du Nord ? Quand c'est moche, c'est le moche qui nous bouffe. Je me sens sali par cette laideur ambiante.

Ce n'est pas une saleté à la Naples ou Palerme, la crasse raffinée d'une ville dans son jus qui sent la mafia, la poussière et le racket. Ici, la poisse n'est ni intéressante ni authentique. C'est la saleté de gens qui ne se croisent pas, des parpaings de béton, des bâches dégoulinantes, des plots orange et blanc. C'est le morne des types qui, dans leurs bureaux sales, commandent du mobilier en plastique glauque. Des mecs qui ne jurent que par l'égalité et qui ont le projet politique d'offrir du laid à tous.

Il n'y a rien de romantique dans cette gare, pas même de la mélancolie, juste un visqueux soupir gris. Il faut que je patiente jusqu'à la limite entre République et le Marais pour qu'une forme de beauté perce cet univers. Je coupe à dessein par la rue de Turenne pour m'extirper plus vite de cet enfer urbain et surtout ne pas voir ce qu'est devenue cette place de la République. Très vite ma vision change, je ralentis et profite enfin de la nuit parisienne quand je traverse le Pont-Neuf. J'avais oublié que c'était si bon de marcher dans cette ville.

Mon téléphone vibre :

code : 26 14
Je t'ai laissé les clefs dans le pot de fleurs.
Please ne fais pas de bruit, tout le monde dort
Je te vois demain
Love

Et un autre WhatsApp :

RDV chez Berthier demain 10 heures, on part de chez moi.

Comment pouvait-il penser qu'entre dimanche 19 heures et lundi 10 heures j'allais avoir le temps d'arriver ?

Berthier est tout terrain : avocat, psychologue, ami, confident. Mon père a une confiance totale en lui, et le met à toutes les sauces. Pas une affaire sans le consulter, une décision de famille sans l'appeler. Une offre sur un immeuble : Berthier. Un contrôle fiscal : Berthier. Un problème avec moi : Berthier.

Mon père a toujours eu autour de lui ce genre de profil à la frontière entre la famille et les affaires. Des mecs qu'il appelait et qui rappliquaient dans l'heure pour tous les événements qui lui semblaient importants, mais qui étaient souvent en fait des petites choses de la vie. Ils donnaient un caractère solennel au privé et dynastique aux affaires. Voir Berthier demain matin, ça voulait dire : « Mon gars, c'est important. » Quand vers treize ans j'ai vu le film *Le Parrain* pour la première fois, j'ai eu une impression de déjà-vu. En découvrant les scènes entre Marlon Brandon et Robert Duvall, je me suis dit : « Mais c'est comme à la maison ! » Pierre Fier aussi recevait ses *consiglieri* le soir ou le week-end.

Mon père est un obsédé du téléphone. C'est le genre de mec qui rappelle tant que tu n'as pas décroché. C'est l'une de ses manies qui me rend le plus fou, et il n'y a rien à faire. Les deux barres bleues de WhatsApp, il ne connaît pas. Le fait que tu sois occupé, qu'il sache que tu as vu ses appels et messages et que les sept coups de fil suivants sont en trop, ce n'est pas son problème. Ce qui le dérange en revanche, c'est que tu fasses quelque chose qui te semble plus important que de lui répondre, ce qui veut dire que tu ne sais pas hiérarchiser les priorités. Son grand truc, ce sont les appels depuis son lit, tôt le matin. Il est à peine 8 heures, c'est urgent, il faut qu'il parle d'une nouvelle loi, d'un investissement, d'un secteur en plein boom qu'il a lu dans les pages saumon. Je me suis souvent demandé ce que ces types aux vies bien remplies, grands avocats, experts-comptables à la tête de vastes cabinets, pouvaient penser quand ils voyaient s'afficher huit fois de suite le numéro de mon père.

J'aurais pu me hasarder à faire les questions-réponses, mais j'ai toujours su au fond l'opinion qu'ils avaient de lui. Ils le vénèrent. Une admiration totale. Je ne pense pas que cela soit dû au complexe de la profession libérale par rapport à l'entrepreneur, ou encore à la recherche d'un père de substitution : les « Berthier » ont parfois son âge et ils n'en sont pas moins subjugués. Ils rappellent en général en urgence en s'excusant de ne pas avoir pu répondre plus vite. Pour moi aussi, il y a les autres et lui. Mais c'est un peu normal, c'est mon père.

Pierre Fier, c'est une volonté qui prend de la place, toute la place. Quand il rentre dans la vie de quelqu'un, que ce soit un ami, une femme, un avocat, ses gosses, il pousse les murs et refait tout. Je pense que pour les étrangers (c'est ainsi qu'on appelle les gens qui ne font pas partie de notre cellule familiale), c'est son côté iconoclaste qui attire d'emblée. Mi-artiste, mi-homme d'affaires, personne ne sait où le classer et il en joue si bien. Quand on pense à nos parents, les visages qui apparaissent sont ceux d'une séquence de vie, toujours la même, jusqu'au moment où ils deviennent vraiment vieux et, là, on se prend la violence de notre existence en pleine gueule. Pour moi, ce sont les années 1990, sa période Richard Gere. Quand je pense à lui, c'est ainsi que je le vois. Il a cette putain d'énergie de 6 heures du mat' à minuit, nerfs tendus, l'œil vif et pétillant qui peut s'assombrir en une demi-seconde. Il doit sûrement se battre jusque dans ses rêves. Il pique des colères noires d'une voix blanche, dit des horreurs dont lui seul n'a pas honte, mais est capable d'attentions qu'un moine bouddhiste n'aurait pas. Quand il est dans un bon jour, tu passes l'un des meilleurs moments de ton année et tu pardonnes le harcèlement qui va venir et son côté lunatique. Il a rencontré tous les Berthier de la même manière, au hasard d'un dîner en parlant d'un sujet inattendu. Il marque. Ils ont échangé leurs numéros, prévu de déjeuner. Le type l'ignorait, mais il allait en prendre pour dix piges de Pierre Fier. Ce n'est pas un bail précaire, mais ça dure rarement toute la vie. Mon père a besoin d'action et de mouvement. Il s'irrite vite et se lasse. Un mauvais mot, le mauvais jour, peut tout faire basculer, et il n'y a pas de retour possible. J'ai vu tant de proches, rares élus à pénétrer sa plus grande intimité, le cercle de sa famille adorée, éjectés du jour au lendemain. Lorsque je m'étonnais de ne plus les voir, j'avais la même réponse : « il nous a manqué de respect, elle nous a trahis… » La liste des motifs de bannissement était longue : ne pas prendre de ses nouvelles quand il l'estimait nécessaire, lui dire bonjour d'une manière qui ne lui convenait pas, mal le placer à un dîner…

J'arrive devant chez mes parents au moment où la C6 sort de la cour. Quand je monte à l'arrière, je sais qu'il est dans un mauvais jour, l'air est si lourd qu'il semble faire pression sur les lèvres et les maintenir closes. Son chauffeur a fermé la grille et m'a fait un signe qui semble dire « aujourd'hui, c'est chaud ». Pierre est assis les jambes presque allongées derrière le fauteuil passager. Son large manteau croisé est comme un prolongement de cette voiture. Il a un rictus et un léger mouvement de tête de mécontentement en voyant cinq trottinettes passer dans les deux sens. Pas un mot ne sort de sa bouche. Il est le maître de la scène, l'acteur et le décor. Il faut faire durer cette ambiance crispante encore un peu pour donner de la solennité au cas où je n'aurais pas compris que l'heure est grave.

Il ne m'adresse pas la parole avant le milieu de l'avenue Hoche :

— Il va quand même falloir qu'on ait une discussion d'homme à homme tous les deux.

— Quand tu veux…

— J'en ai marre qu'on se parle toujours entre deux portes. Là, c'est grave. Pour cette histoire de Saint-Germain, ça ne va pas se faire en claquant des doigts. Tu penses quoi ? Que François va nous dire « aucun problème, on vend le fond » ? Il va essayer de nous arracher le maximum de pognon.

— S'ils prennent Saint-Germain, ce n'est plus le même deal, alors oui, François voudra une compensation.

Il force un ricanement :

— Mais quand vas-tu ouvrir les yeux, Adam ? Tu parles comme un cadre. Une compensation ? Ce fonds, si on leur vend, et je dis bien « si », ça vaudra ce que ça vaudra grâce à SOHO, grâce à mon travail !

Son pouce saillant de son poing fermé vient frapper sa poitrine.

— Il a fait quoi, lui ? Quelle valeur a-t-il apportée ?

Comme souvent, sur le fond, il n'a pas tort. La situation est la suivante : un grand groupe américain veut racheter la marque de meubles qu'il avait créée dans les années 1980, SOHO. C'est surtout le nom qui les intéresse. Ça fait des mois que je suis en négociation et ils ont tenu à intégrer le fonds de commerce du principal point de vente qui se situe boulevard Saint-Germain. Or, mon père détient des parts de cette boutique via une SCI avec François Guernon. La situation est un peu alambiquée, car pour vendre le fonds il faut l'accord des deux associés de la SCI, et pour ne rien simplifier, nous sommes en renouvellement de bail.

— Ça vaut ce que ça vaut grâce à SOHO. Il ne mérite rien, il a contribué à quoi ? De toute façon, je ne suis pas fait pour avoir des associés et surtout pas comme eux.

(Il me regarde.) On a quoi à voir avec ces gens ? Tu as vu leur bureau ? Ça sent le tabac froid.

En cinq mots, il a résumé l'univers et les affaires de Guernon : financièrement efficace, mais sans panache ni esthétisme.

On s'approche du parc Monceau et je sais qu'il va s'arrêter de parler à cet instant précis. C'est l'heure : les matins de septembre, à l'endroit où le boulevard de Courcelles remonte un peu, la voiture se place lentement dans l'axe des rayons blancs du soleil. Aujourd'hui, ils percent un ciel gris et, instinctivement, il se penche vers la fenêtre pour en jouir. Il ferme les yeux et lâche un long soupir de plaisir et de paix, le temps que le rectangle de lumière roule sur son visage. Il pose son regard sur les allées de platanes. C'est lui qui m'a appris que les feuilles de ces arbres ont trois lobes larges et qu'il s'agit de platanes d'Occident.

Cet armistice dure bien trois minutes.

— Je voulais voir Berthier pour discuter des modalités d'achat des parts de la SCI à Guernon. Après, on fera un bail très verrouillé aux Américains. Il faut que tu voies ça avec lui. D'ailleurs, je ne comprends pas que tu ne l'aies pas déjà fait. Mais tu as peur de quoi ? Il n'y a pas pire que d'éviter les confrontations.

Il se gratte la joue.

— Avant de jauger Guernon, je voulais savoir à quel point les Américains voulaient Saint-Germain dans le deal… Mais cela ne sert à rien de répondre : tout ce que je dirais l'exciterait encore plus.

— Mais ce que je voulais surtout, c'était faire un point sur ta situation. Je suis ton père, James, je n'ai pas à me mêler de ta vie, et je ne me le permettrais pas.

Le plus fou est qu'il y croit vraiment. Il ne se voit absolument pas comme un père envahissant.

— Je ne vais même pas te parler de ta femme et pourtant, il y aurait beaucoup de choses à dire, mais je ne veux pas être témoin de cette déchéance.

Il s'attend à une réaction, mais pas à une réponse, je crois. Je ne bouge pas d'un millimètre. Je fais ce que je fais le mieux dans ces moments-là, me claquemurer.

— Tu penses que je serai toujours là derrière ton cul ? Qu'as-tu fait de ta vie ? Vendre une marque, c'est un métier, ça ? Brader des actifs, c'est tout ce que tu sais faire, mais construire ? Réponds-moi. Je me fais beaucoup, beaucoup de souci pour ta capacité à gérer la suite.

Il a insisté sur la première syllabe de « beaucoup », avant d'ajouter :

— Il n'y a rien qui me préoccupe plus que ça.

Je pourrais lui répondre tant de choses… Occupe-toi plutôt de ta santé, de ta femme, de ta vie, de ta fille. Tout ce qui t'intéresse, ce sont les affaires et moi, moi et les affaires. Mais je ne dis rien, je n'en ai ni la force ni l'envie. Cette voiture avec lui à l'intérieur devient un pistolet chargé. Je sens l'odeur de la poudre et chaque mot est une balle que je me prends dans le ventre. La machine reprend :

— Si j'étais à ta place, putain, je bénirais le Bon Dieu d'avoir un père comme moi. J'ai tout fait pour vous. Réponds, quand vas-tu enfin te comporter comme un homme ?

Ces mots résonnent, d'un son grave et puissant, et ils se répètent en boucle. Une version négative de ma vie défile : une succession d'échecs et de moments tristes. Une version opposée, tout aussi vraie, peut-être même plus représentative de mon histoire, aurait pu être programmée, mais c'est ce film noir qui me hante et m'engloutit. Je sais bien que nos pensées nous appartiennent, que c'est nous qui les créons, que nous avons du pouvoir sur elles. Mais quand il est question de mon père, une mécanique se met en place. Moi qui n'aime rien plus que la liberté, je me retrouve à quarante ans comme un gosse, prêt à chialer devant son papa qui lui fait la morale. Je ne sais pas si c'est le fait d'être père, la distance qui se creuse avec ma femme ou simplement de connaître ce discours par cœur qui me fait si mal, mais à ce moment de ma vie, je ne peux plus en écouter davantage.

— Excuse-moi, je ne peux pas rester. Marc, peux-tu arrêter la voiture, s'il te plaît ?

En moins d'une seconde, je suis dehors. Avant que la porte ne claque, ses mots ont sifflé :

— C'est ça, fais l'autruche, sale lâche ! Ça t'a bien servi jusqu'à présent !

III

Je marche pendant deux heures, d'abord à travers le parc Monceau, plutôt lentement. J'essaie de penser à autre chose, mais je ne fais que ressasser cette putain de conversation qui n'a été qu'un monologue. Comme souvent, la première personne que j'appelle est Julia. On s'est rencontrés dans un avion avec nos parents à quatorze ans, et depuis on ne s'est plus quittés. Il n'y a pas un jour où nous ne nous parlons pas. Nous savons presque tout l'un de l'autre. Je devais la retrouver pour déjeuner vers 13 heures, mais je l'ai prévenue que pour cause de force majeure, j'étais libre plus tôt. Comme souvent, c'est au Flore que nous nous rejoignons. Il est midi.

Ce qui est bien avec les vrais amis, c'est que l'on n'a pas besoin de s'embarrasser de fausses politesses et leur demander comment ils vont quand on a envie de parler de soi. Parvenus au mitan de notre vie, nous nous étions assez écoutés mutuellement pour savoir à qui était le tour.

Je rentre dans le vif du sujet avant de demander deux cocas zéro.

— Vous ne vous étiez pas reparlé depuis les Salins ?

— Ben non.

— Et pas un mot sur Michelle ?

— Non, rien.

— C'est fou qu'il la déteste à ce point.

— Elle l'a cherché aussi, il faut être honnête. Elle a été accueillie comme une reine dans cette famille et elle a tout foutu en l'air.

— J'étais là l'été dernier… Il ne lui a rien laissé passer.

— Il était à bout.

Je m'agace : mon père est mon père, mais je n'aime pas qu'on le critique, c'est le privilège exclusif de la famille, le mien. Julia est fine, elle le sent tout de suite et nuance ses attaques.

— J'ai toujours adoré ton père, mais là, il est allé trop loin. C'est ta femme et ton fils. Si j'étais sa belle-fille, je ne lui aurais plus jamais adressé la parole de ma vie.

C'est tellement le bordel dans ma tête que je ne sais plus qui est responsable de quoi. Jusqu'où faudrait-il remonter pour avoir la genèse de ce massacre, et surtout comprendre ?

— Chéri, ouvre les yeux : c'est fou ce qui s'est passé aux Salins ce jour-là, ce n'est pas normal, cette violence.

Elle a prononcé cette phrase doucement, en pesant chaque mot, et en me regardant droit dans les yeux sans ciller une seule fois.

— Violence ? Ça va, il n'a tué personne.

— Moi, je n'ai jamais vu un truc pareil. C'est vrai, pourquoi dans ta famille tout prend toujours des proportions aussi dramatiques ? Vos disputes sont brutales, vos coupures définitives, ce n'est pas commun, franchement ! Vous avez tout, vous êtes des gens bien. (Elle me regarde, cherchant un acquiescement, puis boit une longue gorgée.) Et vous vous déchirez comme s'il y avait des meurtriers et des pédophiles. Je pense même que les familles qui connaissent ces horreurs n'ont pas les rapports que vous avez. (Elle ouvre la carte qu'elle connaît pourtant par cœur et poursuit.) Rappelle-toi le mariage de ta sœur.

Je prends soudain conscience, non de la violence, mais de l'anormalité de la violence qui règne chez nous. Enfin, ça me semble plus compliqué que ça, mais je ne parviens pas encore à le formuler. Je voyais bien comment les choses se passaient chez les autres, je voyais bien que nous étions différents, mais ça ne me déplaisait pas. Chez les étrangers, c'était plus calme, les déjeuners du dimanche se faisaient sans vagues, mais c'était souvent terne et triste. Les rencontres étaient mécaniques, protocolaires, froides et silencieuses, et lorsqu'il y avait un peu de sons et de mouvements, leurs familles n'avaient pas l'odeur incandescente de la mienne. Leurs membres se retrouvaient pour discuter au mieux de rien et le plus souvent des autres. C'était tellement vide que j'entendais siffler le vent des steppes orientales. Chez nous, à table, on parlait d'idées et de faits. La violence des mots était le corollaire d'un amour inconditionnel et nous vivions. Combien de fois j'ai ramassé mes potes en lambeaux qui se sentaient abandonnés, non désirés, qui haïssaient leurs parents et donnaient le change à des réunions de familles interminables où personne ne pouvait se voir. Moi, j'ai ressenti le contraire et c'était presque un problème, je ne comprenais pas que mes parents tiennent tant à moi. J'aime ma famille, j'aime appartenir à ce clan, il a quelque chose qui me rassure et me fait me sentir fort. J'ai l'impression étrange d'un sens qui me dépasse, d'avoir une place dans ce monde. Cette famille est moi, ça comble le néant éternel. Quoi qu'ils fassent, les miens resteront les miens et une partie de moi accepte que ces coups d'épée en soient le prix à payer.

Je ne peux pas expliquer ça à Julia, avec son esprit jungien elle me dirait que je suis taré, plus précisément maso. Qui pourrait comprendre que je morfle tellement, et que pourtant je ne changerais mon père pour rien au monde, que je l'aime tel qu'il est. Aujourd'hui aussi, même si depuis cette journée d'horreur, je me sens comme un poisson hors de l'eau. Un poisson qui tuerait cependant pour son clan.

— Pourquoi il est comme ça ?

— Comme quoi ?

— Violent, radical. Il vit pour ta sœur et toi et pourtant il va tout le temps au clash.

— Tu as de ces questions, toi.

— Sérieusement, tu ne t'es jamais demandé pourquoi ?

— Il est radical, chacun son caractère. Toi, regarde, tu n'arrives pas à mettre un terme à une relation qui ne te convient pas.

— Tu vois, dès qu'on parle de ton père, tu es sur la défensive. Pose-toi la question, vraiment. C'est quoi son histoire ? Ses rapports avec son propre père ?

— Il est mort quand il avait douze ans.

— Comment ?

— Tué.

— À la guerre ?

— T'es con ou quoi ? Mon père est né après la guerre.

— C'est toi qui es con, je parlais de l'Algérie.

— Non, enfin, c'est plus compliqué… Oui, c'était pendant « les événements ». Mais c'était un malentendu.

« Les événements », c'est ainsi que l'on parlait de la guerre d'Algérie dans ma famille.

— Comment tu te fais buter par malentendu ?

— Le tueur l'a pris pour un autre. Voilà.

— Pour qui ? C'était qui le tueur ? L'enquête a dit quoi ?

— Je n'en sais rien, il n'y a pas eu d'enquête.

— C'est impossible.

— C'était en pleine guerre d'Algérie, je te dis. Il y avait des assassinats d'Européens tous les jours, il faut comprendre le contexte. Il n'y a pas eu d'enquête.

— Impossible. Et ton père n'a pas cherché à savoir ?

— Il avait douze ans. Sa mère l'a envoyé à Paris peu de temps après.

— Ton père qui est le mec qui ne laisse rien au hasard, qui veut toujours aller au bout des choses, de la manière la plus méthodique qui soit, lui qui attache une telle importance à la famille, ne se renseigne pas sur la mort de son père ? Et tu penses que tu vas me faire gober ça ?

— C'est pourtant vrai.

— Vous n'en avez jamais parlé ?

— À peine… Il me raconte souvent des histoires sur son père, toujours les mêmes. Il l'adorait. J'ai une photo de lui d'ailleurs, je crois, dans mon téléphone.

Je pose mon portable sur la table, on voit Georges de profil, la trentaine. Les pupilles de Julia se dilatent.

— Il était beau. On dirait Humphrey Bogart.

Je ne l'ai évidemment pas connu, mais chaque fois que je vois cette photo, ça me fait quelque chose.

— En tout cas, il y a un truc bizarre… Je ne crois pas une seconde que ton père se soit contenté de cette version sans se battre pour connaître la vérité.

Elle a raison, s'il y a bien un trait de caractère qui définit mon père, c'est la persévérance. Quand il a un objectif, il ne lâche rien. Un pote de ma sœur l'avait d'ailleurs surnommé « Chewing-gum » pour cette raison, et pendant un temps, c'est comme ça que je l'avais enregistré dans mon téléphone. Quand on faisait une connerie, ma sœur ou moi, il disséquait nos actions et les tirait sur des kilomètres. Je ne savais même pas que l'on pouvait étendre autant un problème. J'avais trouvé cette image brillante tant elle représentait son mode de fonctionnement. Il posait une suite de questions de plus en plus précises, nous faisait revivre les scènes, les contextualisait. C'était un supplice chinois, mais à la fin il obtenait la vérité. Alors oui, c'était pour le moins surprenant qu'il se soit satisfait de cette version.

IV

Après le déjeuner, j'ai marché longtemps sur les quais, m'arrêtant chez les quelques bouquinistes ouverts le lundi. Mon téléphone sonnait continuellement et j'ai fini par l'éteindre.

En pensant à Georges et à l'Algérie, je suis à nouveau sensible au frisson de l'atmosphère. Je n'ai presque que ça en tête, découvrir ce qui s'est passé. Réfléchir aux actions à mener pour y parvenir. Entre Georges et moi, il y a mon père. Je me dirige maintenant lentement vers la place de l'Étoile, c'est là qu'il habite, littéralement sur la place. Combien de fois j'ai dû raconter l'histoire de ce lieu aux visiteurs curieux et impressionnés. « Non, il n'y a presque plus personne qui vit dans ces appartements au rez-de-chaussée avec ces jardins qui donnent sur l'Arc de Triomphe. Oui, la plupart sont occupés par des sièges de grands groupes. Oui, des parties sont classées. Ce sont les anciens appartements de maréchaux qui, selon une légende, étaient tous reliés par des passages secrets. Celui-ci appartenait à Berthier, la "femme" de Napoléon. »

Je n'y ai pas mis les pieds depuis plusieurs mois. L'usage est que mes parents le quittent tous les ans en juin pour y revenir mi-octobre, mon père faisant quelques aller-retour à partir de septembre. C'est un endroit unique et mes parents ont ajouté à l'exceptionnel une densité élégante. Je connais peu de gens qui ont autant de goût que ces deux êtres réunis. À mon père les volumes et l'originalité, à ma mère l'harmonie des couleurs et les éléments décoratifs. Ils se sont construits ensemble de leurs mains et c'est aussi le cas avec leurs maisons. Ils donnent du temps, dépensent de l'énergie. Combien de fois ai-je vu mon père traverser la France pour aller rencontrer un ébéniste ou un ferronnier ? Il est fasciné par tout processus qui transforme une matière, à commencer par le bois et le fer, la création pure. Il aime ces lieux où l'homme talentueux et expert façonne, répare, produit. Il admire et respecte les métiers de la main. Son univers, c'est aussi bien la rue de Presbourg et ses 5 mètres de hauteur sous plafond que ses ateliers, ses garages avec leur mélange d'odeurs de pneumatiques, d'huile de vidange et de graisse. Je l'ai vu quand j'étais enfant passer des heures à observer un maréchal-ferrant ferrer des chevaux et battre le fer. C'est vrai aussi qu'il y a quelque chose de presque religieux dans cette image de l'homme, le visage entièrement recouvert d'un épais masque, tapant des coups lourds et réguliers sur un métal en fusion. J'ai eu la chance d'appartenir à ça, d'exercer mon œil au beau, avant même de savoir prononcer un mot. Une beauté authentique et souvent minimale aujourd'hui disparue.

Cet appartement, c'est là que j'ai vécu de seize à vingt ans, et déjà je sentais que quelque chose grondait. Le déménagement à Presbourg a coïncidé, je pense, avec l'érosion de notre esprit de famille et donc du clan. J'étais fier de ce lieu, de tout ce qu'il représentait de goût et de réussite, de ce qu'il disait de ma famille, mais je n'ai jamais vraiment aimé y habiter. C'était une maison de fêtes et de réceptions splendides, mais pas un endroit pour vivre. Il n'y a pas une pièce, un petit coin qui donne envie de se réunir, à part le perron.

C'est toujours étrange de rentrer dans cet appartement vide, le silence y est si fort. Lorsque j'y pénètre seul, depuis quelque temps déjà, j'ai la même sensation douloureuse. L'impression bizarre que le temps s'est arrêté et que je suis dans un musée. Les premiers mots en français que mon fils a prononcés d'ailleurs, après avoir passé un week-end ici avec mes parents, étaient des paroles que l'on voit inscrites sur des signalétiques blanc et rouge : « Ne pas toucher ». Je déambule dans les salles ; meubles, objets de décoration, vêtements ne me semblent plus participer au mouvement des choses. J'ai des flashs de grands dîners et de soirées, mais je me sens comme un enfant sur un manège qui s'arrête soudain de tourner. Oui, il y a eu des cris et de la joie, mais aujourd'hui, tous ces objets me semblent être des vestiges d'un monde révolu. Le décor ne me paraît plus encadrer le présent, mais rappeler un passé qui s'est dissous. C'est ce que font nos actions à la seconde où elles sont vécues, non ? Elles deviennent des images stockées dans notre cortex, malléables à merci par notre esprit, au gré de l'évolution de nos croyances, gardant un lien avec le temps qui passe tant qu'il y a une continuité.

Je regarde les photos encadrées. J'espère secrètement qu'elles vont me redonner un élan vital, mais elles produisent l'effet inverse. Ce sont surtout les souvenirs de Saint-Tropez qui m'aspirent. Peut-être parce que la chair y est souvent exhibée et que je prends conscience, année après année, des corps de mes parents qui se déforment ; ou peut-être parce que là-bas, dans cette maison au bord de la Méditerranée, j'ai été vraiment heureux et que je pensais alors que ce bonheur perdurerait.

Chaque été, nous donnions une soirée à la fin du mois de juillet. J'adorais cette période, c'était léger et bon. Souvent, tard dans la nuit, nous nous retrouvions avec mon père sur la terrasse observant ce ballet, cette foire aux vanités, avec la satisfaction de nous sentir à la fois maîtres des lieux et étrangers à cet univers de célébrations sans fin. De notre position, nous observions des petits groupes se former, des scènes plus intimes se jouer, tous les invités sentant que cette nuit allait continuer encore longtemps. Un mélange de mes amis et des siens. Ce temps me manque et je sais qu'il est révolu.

Il y a aussi toutes ces photos avec ma sœur : les visages et les corps se sont figés il y a bientôt quatre ans. Enfants, nous partagions la même chambre. Une partie de notre histoire est identique ou, du moins, a le même cadre. Aujourd'hui, nous essayons de ne pas nous croiser pour nous épargner la scène violente et infâme d'une fratrie qui ne se dit plus bonjour. Le silence entre un frère et une sœur est si brutal. Je me demande parfois si des rapports un peu hypocrites ne sont pas préférables… Je pense que non, même si les années passent et creusent un fossé entre nous. Je ne sais pas comment nous en sommes arrivés là.

Je suis venu ici avec un objectif précis : une boîte de rangement beige, haute et large, qui rassemble le peu de documents datant de l'Algérie et des premières années à Paris. Elle est rangée dans leur dressing, dans un coin réservé aux souvenirs et aux boutons de manchettes. Mon père m'a déjà montré son contenu, mais jamais en détail. Notamment une photo de mes grands-parents au bord de la mer à Santa Monica. Pas le Santa Monica des États-Unis, mais cette plage à côté d'Alger.

J'étais avec Michelle depuis à peine six mois et nous passions les vacances de Noël chez des amis en Californie. J'ai posté sur Instagram une photo de nous deux au bord de la mer à Malibu. Pierre m'avait tout de suite écrit en faisant référence à ses deux parents sur cette photo, cristallisant un moment de vie heureux. Pour tout ce qu'elle disait de bien sur nous, notre histoire, nos origines, cette image était entrée dans la mythologie de ma famille. C'était par ces petites manifestations que je savais à quel point son Algérie résonnait encore en lui. « Regarde comme ma mère regardait ton grand-père. »

Il a toujours eu cette passion de l'ancrage et des grandes familles, celles où les actions du présent ont une source et un écho.

J'ouvre la boîte. Beaucoup de papiers, de photos, de coupures de presse. Je la pose sur le parquet et m'assois en tailleur. Je fais un tri rapide, j'isole les nombreuses lettres officielles, je retrouve vite la photo de Santa Monica, entourée de fines dents, un peu comme les timbres. C'était l'époque de l'élégance! Eux l'étaient spécialement. Lui, avec ses cheveux d'un noir brillant, en costume sombre, les jambes croisées et le coude posé sur le bras d'une large chaise en bois. Son corps semble pencher hors du cadre, mais son visage qui repose sur sa puissante main est entièrement tourné vers ma grand-mère, de l'autre côté d'une table ronde simple et harmonieuse. Elle, nonchalante, impeccable, tient délicatement une tasse de café. Son regard dit beaucoup de choses. Le calme et la sérénité qui se dégagent de cette photo sont étonnants. Il y a peu de monde installé aux tables en arrière-plan. Plus loin dans la ligne de fuite, la mer et ses rayures d'écume parsemées de toutes petites silhouettes. L'orage gronde, mais cette image est si paisible.

Je vois une pile d'autres photos de formats différents, mais je n'ai pas envie de tout regarder ici. J'ouvre seulement une pochette cartonnée que je n'avais encore jamais vue. À l'intérieur, des coupures de journaux jaunis. Je lis la manchette de la première. *Georges Fier assassiné par un terroriste*

Ces mots claquent. Je lis et relis comme si je cherchais une erreur. Quelque chose ne va pas dans cette phrase. Je ne sais pas si c'est parce que ce mot « terroriste » marque notre époque. Pour moi, les terroristes, ce sont ces ordures lâches armées jusqu'aux dents, les Kouachi, Merah et Coulibaly; ivres de leur aigreur et de leur impuissance célébrant une idéologie mortifère et attrape-rebut. Les salopards et leurs armes de guerre qui fauchent les innocents dans des salles de concert, en terrasse, dans des supermarchés. Les enfants qui ne voient par leur père rentrer à la maison parce qu'il s'est pris la balle d'une ordure qu'il n'avait jamais croisée, mais qui le haïssait pour ce qu'il était. Voir ce mot-là en lettres de sang associé au nom de mon grand-père me donne l'impression étrange de mondes qui se chevauchent. Un mot du présent qui réveille un passé depuis si longtemps endormi.

V

Je prends la boîte telle qu'elle est et je file gare du Nord. Je suis monté dans un train à la limite de l'horaire des rentiers. Je me disais depuis la rue de Presbourg : « Il faut que je prévienne Julia ! Il faut que je prévienne Julia ! » Mais cette injonction s'est fait submerger par une feuille de vieux journal.

Je me dirige vers la voiture 11. Je ne regarde plus mes billets. J'ai vu au loin cette vieille connaissance, Grégoire Perrier, alors je me fais tout petit, presque entièrement tourné vers la fenêtre. Tous les expatriés français à Londres le savent, quand tu prends l'Eurostar, croiser ce mec est la pire chose qui puisse t'arriver. Le type ne s'arrête pas de parler, il doit être détenteur d'un double record : apnée statique et aussi celui de la plus longue conversation sans poser une question à son interlocuteur. Il fait partie de ces gens qui n'arrivent pas à comprendre que la solitude et le silence peuvent être des choix. Déjà qu'en temps normal, j'ai envie de me flinguer si je tombe sur lui, là je suis prêt à aller m'enfermer dans les chiottes avec ma boîte. Quel soulagement ! Il est tombé sur une victime *coach* 12.

Je suis quasiment seul dans cette voiture, je me déplace vers un carré et m'assois côté fenêtre dans le sens de la marche. J'ai deux heures quinze devant moi, je décide que j'ouvrirai la boîte quand le café arrivera. Je ne peux plus sentir les plateaux-repas de ce train, sauf parfois les desserts. Attention qui a son importance : ce sont souvent des spécialités pâtissières françaises revisitées, modernité oblige. En revanche, ils ont le meilleur café filtre que je connaisse. En général, ils le servent vingt à trente minutes après le départ, vers Amiens.

Je regarde le nord de Paris et ses banlieues qui défilent, La Chapelle, Saint-Denis, Goussainville. Le décor ne change pas beaucoup, des variations de gris.

— Café ?

— Oui, s'il vous plaît.

— Lait.

— Non merci.

J'étale le contenu de la boîte devant moi. Je réserve pour la fin une petite pile de photos car elles m'attirent et que je suis excité à l'idée de les découvrir. Je commence par les courriers dactylographiés, souvent officiels, parfois annotés J'ai entre les mains l'acte de naissance de mon grand-père, celui de son mariage le 23 mars 1939, et de son décès. C'est peu de chose une vie en langage administratif. La profession est importante. Hormis les chiffres que sont les dates et les heures, c'est la seule information écrite avec la cause du décès. On naît, on meurt, pour une raison ou pour une autre, et entre les deux, on exerce une profession qui définit ce que l'on est. Au commencement, il y a le poids et la taille en plus.

Les signes de vitalité, c'est vrai que c'est important pour commencer, mais à la fin, juste des circonstances, rien de vraiment personnel, c'est triste. Les nécrologies sont là pour ça. Je me demande si c'est pareil dans tous les pays. L'administration, c'est forcément impersonnel, un monde de statistiques où il ne peut y avoir que des faits, sans aucune interprétation. C'est ça qui est bien avec les chiffres et les mesures, ils ne disent que ce qu'ils sont. Les mots, eux, on l'oublie souvent, sont des symboles.

Son nom de naissance était différent, Fierdj. Je le savais sans savoir pourquoi. Ça irritait mon père quand on lui posait la question.

— Mais Fier, ce n'est pas un nom algérien. Il a été modifié pendant la guerre, ou à votre arrivée, non ?

— Non.

Je suppose qu'un Fier ne modifie pas son nom. Ces deux lettres auraient changé ma vie. Mes premiers rapports aux autres, cet instant où l'on prononce son nom, n'auraient pas eu la même gueule. « Adam Fier, enchanté. » « Salut, Adam Fierdj » : ce n'est pas le même mec. Je suis certain que nos nom et prénom, avec la charge émotionnelle et l'histoire collective qu'ils charrient, ont une influence sur le développement de notre personnalité. J'aime mon nom, sa sonorité, je trouve qu'il a du panache surtout en anglais. Quand je faisais mes études aux États-Unis, j'étais Adam Fayer en insistant sur le *aye*. *Your name is so cool. You are on fire, haha.*

Cette partie administrative contient un sous-dossier. Je reconnais bien là l'œuvre de mon père, tout est bien classé et entretenu. C'est une correspondance entre la mère de mon père et l'Office national des anciens combattants et victimes de guerre, organisme qui s'occupe des pupilles de la nation. C'est la qualité de mon père depuis la mort du sien, cela signifie que la nation s'est substituée à Georges pour accompagner mon père dans la vie jusqu'à sa majorité. À ce titre, il avait certains droits et c'est pour en bénéficier que ma grand-mère leur écrivait. Je ne connaissais pas cet épisode. Un rendez-vous avait été fixé, le fonctionnaire voulait voir Pierre de ses yeux. J'imagine l'humiliation et la douleur de cette magnifique veuve bénie des dieux dans son Algérie natale se débattre avec ce monde de l'algèbre. Dans cette lettre, je vois la pire version du réel, les sigles pompeux, le ton mécanique et froid, le papier moche, les subventions à la décimale près, les questions choquantes d'inutilité. Surtout, j'imagine mon père tel que je ne l'ai jamais vu, petit, frêle, presque minuscule, timide, en demande.

Je pense à ce qu'ont dû être les moments d'avant. Elle, si coquette, lui, mettant son plus beau costume et le coiffant pour aller voir ce fonctionnaire pour lequel ils ne seront que des statistiques. Dans le bureau, mon père silencieux, répondant à peine. J'imagine à quel point il devait se sentir démuni et penser à son père protecteur. Je n'aime pas ce que je ressens, je ne supporte pas de voir les miens diminués, je les aime, beaux, forts, conquérants, fiers.

L'hôtesse est là avec son chariot :

— Quiche au poulet ou le plat végétarien – un quinoa libanais ?

— Je ne vais prendre que l'eau et le dessert.

— Un Paris-Brest revisité, bonne dégustation.

J'attendais un écho. Quand c'est le jour du Paris-Brest, il y a souvent un gros lourd qui répond « Pas un Paris-Londres ! » en riant à sa propre blague.

Je veux être le plus loin possible de cet univers gris des organismes d'État, j'ai des mots en tête que je veux chasser : aides sociales, subventions, orphelins. Je veux voir mon père et ma grand-mère libres et heureux, agir sur leur destin, pas victimes du sort, et dépendant de fonctionnaires.

Je prends la pile de photos. Plusieurs clichés en noir et blanc de Georges en tenue militaire à différents âges, toujours une cigarette à la bouche, entouré d'autres hommes. Je le vois avec des montagnes en arrière-plan, couvert chaudement de manteaux aux larges revers que j'imagine kaki, comme leurs bérets. Ils rient sur la plupart des clichés, j'ai l'impression qu'il aimait cet esprit de camaraderie. En vérité, je n'en sais rien, mais ça me fait plaisir de le croire. Mon père m'a souvent dit qu'il était taquin. Je pense que c'est la Seconde Guerre mondiale et qu'il était mobilisé en Italie. Sur d'autres photos où il est plus âgé, j'associe cette image avec un ordre de mobilisation daté de 1956 qui est dans la boîte. Putain, il n'avait plus que quelques mois à vivre. Je le vois sûrement en permission, déambulant dans Alger avec ces inscriptions désuètes aux murs. Il y a tant de force et d'énergie qui se dégagent de lui. Il devait l'aimer, cette vie. Je réalise que nous avons presque le même âge, je pense à Camus debout devant la tombe de son propre père qu'il n'a pas connu. Il est au cimetière, devant la stèle, l'âge du mort le frappe, il est son cadet, il a alors ces mots qui vont à la source de toutes les lignées, ces mêmes mots qui seront écrits sur la première page du carnet que l'on retrouvera dans la poche de son imperméable recouvrant son corps inerte d'accidenté de la route. « Je suis le père de mon père, je suis le premier homme. »

Une autre photo attire mon attention. Il est jeune, la trentaine, en tenue de sport, un long short et un tee-shirt en éponge foncée, des gants de boxe à la main, ceux que l'on ne voit plus, à lacets, moins pratiques que le scratch, mais si élégants. À côté, un homme aux épaules larges, les cheveux courts et bras nus que je n'ai vu sur aucune autre photo. En arrière-plan, le ring et une inscription sur un mur de briques, sûrement le nom de la salle. C'est fou, ce sport a eu une telle place dans notre vie, au fond, le noble art transcendait une forme de violence par ses valeurs d'honneur, de courage et d'effort. Je fais le lien avec cette histoire de bagarre en pleine rue, je me rappelle même le nom du mec. Mon père a dû me la raconter vingt fois. Quand on était en voiture, que je me faisais coller ou virer pour m'être battu.

— Tu sais, mon petit, ce n'est pas bien de se battre, mais parfois il n'y a rien d'autre à faire. Ça me rappelle ton grand-père. Un jour, j'étais en voiture avec lui ; tout à coup, il est sorti comme une furie, il a attrapé ce type en pleine rue et l'a massacré à mains nues, il est remonté tranquillement et on est repartis.

— Qu'est-ce qu'il lui avait fait ?

— Il lui avait manqué.

J'imagine cette salle de boxe un peu comme celle où s'entraîne Frédéric Henry dans *L'Adieu aux armes* juste après avoir déserté. Penser à mon grand-père suant en faisant un shadow ou en sparring me renvoie des années en arrière. Je dois avoir six ans, nous sommes à Saint-Tropez, vers 23 heures, mes parents dînent en terrasse place des Lices. Mon père vient de jouer aux boules. Le restaurant s'appelle le Café des arts. Je suis à l'intérieur avec d'autres gosses, des gamins d'ici et un ou deux Parisiens. Quelques vieux de la vieille sont accoudés au large bar en inox. Je sens encore l'odeur du pastis et du Gambetta limonade. Nous jouons au flipper. Un gamin de dix ou douze ans de quatre têtes de plus que moi essaie de prendre ma place. Je le pousse, il me pousse. C'est le bordel, on tombe. Fernand, le propriétaire avec sa voix rocailleuse, fout dehors les minots. On se retrouve avec tous les autres gosses, cinq ou six, juste devant la table de mes parents. Ça fait du bruit tous ces mioches au milieu d'un restaurant quand les gens dînent. Je vois mon père qui me regarde, je sais qu'il a tout compris. Le petit con qui voulait prendre ma place au flipper s'approche de moi. Avec mon nez, je peux presque toucher son plexus. Sans prévenir, ni dire un mot, je lui décoche une énorme beigne poing fermé. C'est tellement bon que je m'arrête là, stupéfié de ce que je viens de faire. Ma première vraie droite. Je saurai par la suite que tu enchaînes, soit tu mets KO soit tu te mets en garde. Le gosse m'en a remis un autre direct, c'était de bonne guerre. Je sens encore l'odeur de métal du sang sur mes lèvres. On est des enfants, à la fin des années 1980, pas de couteaux ni de « nique ta mère », c'est assez digne. Ça s'arrête là, le grand a sauvé son honneur, il part avec ses potes : je ne le reverrai jamais plus. Je vais rejoindre mes parents, un peu sonné. Ma mère s'approche pour essuyer ma lèvre, mon père l'en empêche, passe sa main derrière ma nuque, m'attire vers lui et me dit :

— Tu as eu raison.

Et, pour la première fois, j'entends cette phrase qui reviendra si souvent :

— Tu es vraiment un Fier.

Je ne m'étais jamais vu comme ça dans ses yeux. Un vrai shoot. Quand je repense à cette soirée, je revois tout, le sable de la table des Lices, le couple d'amis de mes parents, la femme assez jolie d'ailleurs, les mecs qui jouaient encore aux boules avec leurs motos garées haut sur la place, les tenues des années 1980, beaucoup de bandanas noués autour des cous, sur les cheveux… En revanche, je ne suis pas clair sur mes intentions. Je ne sais pas si j'ai vraiment voulu défoncer ce petit con, ou si je cherchais seulement la reconnaissance de mon père.

Après ça, la baston m'a collé à la peau. Vers douze ans, Pierre m'a inscrit à la boxe française, dans une belle salle près du Sénat. J'y allais à 20 heures, deux fois par semaine. Je détestais la tenue. Pour les moins de seize ans, c'était une combinaison moulante blanche avec des bandes tricolores, mais j'adorais y aller, surtout pour la dernière partie, celle des assauts. Ensuite, quand j'ai décroché à l'école après la mort de ma grand-mère et que j'ai atterri dans cette boîte à bac du Champ de Mars, c'est devenu un rituel. Tous les vendredis, à la sonnerie de 16h10, on se mettait en cercle et deux mecs se défiaient. La seule règle, c'est qu'il fallait être de même niveau de classe. Mon père était convoqué régulièrement par le directeur et, quand on était dans le bureau de ce géant roux qu'on appelait Malou, il me faisait des clins d'œil discrets. Être collé pour bagarre avait valeur de tableau d'honneur. En revanche, des mauvaises notes ou une tache sur mes vêtements le rendaient fou. Les règles étaient claires et elles m'allaient, j'aimais cette complicité virile, ces valeurs de force et d'honneur.

VI

Le train a plus d'une heure de retard, coincé dans le tunnel. Je suis dans le *black cab* quand je reçois un message de ma mère : *Où es-tu ? Rentré à Londres ? Qu'est-ce qu'il s'est encore passé avec Papa ? Appelle-le.* Elle est la seule, avec EDF, à m'envoyer encore des sms.

C'est toujours la même séquence : un incident avec mon père et elle se place en tampon, en messager, survolant le sujet principal, sans jamais entrer dans le fond. Son comportement avec moi change du tout au tout en fonction du baromètre de mes relations avec lui. Elle veut soigner, tout en n'affaiblissant pas la position de son mari, et c'est ça le plus important. J'aurais pu l'appeler, mais je connaissais le contenu et le ton de la conversation. Elle aurait cette voix un peu honteuse et d'une distance forcée. Elle parlerait doucement, avec quelques silences un peu gênants, comme le font ceux qui ne savent pas mettre les bons mots sur les choses et ne veulent pas affronter les malaises. Rien de très grave, ma mère est profondément aimante et gentille, mais c'est vital pour elle d'être entièrement solidaire de mon père, c'est comme ça, et ça m'irrite tellement que je deviens agressif, lui disant à elle ce que je ne lui dis pas à lui. Et je m'en veux après. Pour éviter cette spirale qui nous abîmerait tous les deux, je réponds également par sms : *All good, baci.*

Cela dit, la question est simple. Que s'est-il passé ? À quel moment ça a dérapé et d'ailleurs, est-ce que ça a jamais vraiment dérapé entre mon père et moi ? Pour tous mes potes, nous sommes un exemple de relation père/fils. S'il y a une chose que je sais, c'est que mon père m'aime peut-être même trop. Encore aujourd'hui, chaque fois que je prends un long courrier, il ne dort pas pendant toute la durée du vol et consulte toutes les vingt minutes *travel check* qui annonce avant tout le monde les accidents d'avion. Il vit toujours avec la certitude qu'une tragédie va nous tomber sur le coin de la gueule surtout quand tout va bien. Combien de fois a-t-il imaginé ma mort et ses conséquences en détail ? Et ça s'est empiré depuis que j'ai un enfant : il l'imagine orphelin, dès que je voyage quelque part. La réciproque fonctionne aussi : je l'aime d'un amour mystique, c'est sûrement pour ça que ses mots peuvent être des coups de poing pour moi. D'aussi loin que je me souvienne, il a toujours eu la colère facile. Le visage fermé et les « non » qui le rendaient, d'ailleurs, encore plus beau, les insultes très vite vulgaires, ce qui n'allait pas vraiment avec le reste de sa personnalité, mais rendaient les discussions impossibles. Et le climax, l'arme nucléaire : la voix blanche. Un timbre froid et puissant, qui se propage dans l'atmosphère comme un gaz mortel et sème la crainte. Quand on l'entend, les mots se dissolvent, mais le son reste, elle semble faite d'une matière qui s'accroche au ventre, entre dans le crâne, paralyse le corps. La voix blanche, comme l'arme suprême des conflits armés, est heureusement peu utilisée. La différence étant qu'elle n'obéit à aucune doctrine de conflit. Quand il la dégaine, sauve qui peut. Cette violence, cette radicalité nous ont toujours accompagnés, elles font aussi partie de lui. Pendant un long moment, je réagissais par la dérision et l'humour. Ça a marché un temps.

Après les disputes, on se reparlait naturellement comme si de rien n'était. Pour lui, c'est ça la famille, on se dit tout, même avec violence et agressivité, et ça passe, car l'essentiel est là. Nous sommes nous, et il ne peut pas y avoir de malaise avec les siens. Quand je pense à ces années 1990, celles de la fin de l'enfance, je n'entends pas la voix blanche et les hurlements. En revanche, je vois beaucoup de rires et une séquence d'actions. Les choses me semblaient si simples avec des référents et des codes clairs. Mon père est alors sans conteste le personnage principal de ma vie. Personnage, c'est le bon mot tant je vois cette époque qui s'étend sur une dizaine d'années comme un film qui n'existerait qu'en VHS. Du cinéma simple, gai avec de belles phrases et des jolies filles, des répliques courtes que l'on retient et du mouvement. Un polar grand public dans un jus bien français à la Lautner.

Mon père un jour en costume trois pièces, les cheveux plaqués en arrière, un autre en Harley avec la vitesse qui gonfle son bombers kaki, mais le plus souvent dans son uniforme, jean, tee-shirt gris clair et veste sombre, œil rieur. Nous avions tellement d'habitudes non monotones. Je le retrouvais rue du Faubourg-Saint-Honoré, dans son bureau, à l'arrière du premier magasin qu'il avait ouvert. Je restais deux bonnes heures là, à le suivre partout. Le regarder hésiter des plombes entre deux teintes de bois, qui auraient semblé identiques à 99,99 % de la population. Faire des essais sur des échantillons. Plus tard, dans l'atelier du bas où un vieux menuisier retapait des meubles. Il déambulait dans ce grand magasin, ayant un mot pour chacun, posant des questions précises. J'entendais les gens chuchoter sur son passage, j'étais fier.

Je n'oublierai jamais cette journée d'octobre 1989 quand SOHO a ouvert. Les semaines précédentes, tout le monde critiquait cette bâche en trompe-l'œil d'un mur de briques dans le temple du luxe situé entre Hermès et Chanel. Le lendemain de l'ouverture, les mêmes criaient au génie. Le succès fut total. Une queue sur une centaine de mètres. Il fallait avoir une grande confiance ou être sacrément barré pour vendre dans ce quartier des meubles dans un décor de vieilles usines américaines désaffectées. Comme toutes les bonnes idées, celle-ci semblait simple après coup. Démocratiser le mobilier réservé aux collectionneurs en éditant des meubles de designers et les faire fabriquer par les meilleurs artisans français, c'était la partie qu'il préférait. Par la suite, il avait créé ses propres modèles, ceux qui se vendirent le mieux. Mais la réussite de SOHO est surtout due à l'alliance du goût et d'une volonté à toute épreuve, sans oublier un marketing innovant. L'exécution était parfaite. Au-delà de ses objectifs commerciaux, il avait cette vision de propager une forme d'esthétisme au-delà du cercle d'initiés, et ça a marché.

En général, nos samedis se poursuivaient par de longs déjeuners dans des brasseries aujourd'hui disparues où le baba était servi avec une belle et bonne bouteille de rhum. Nous refaisions le monde jusqu'à la nuit tombée en hiver. Les discussions pouvaient prendre une tournure profonde, mais jamais pesante. Il y avait aussi les longues marches sur les quais, les salles des ventes, le passage obligé à L'Écume des pages avec des petits mots qu'il écrivait sur la première page des livres qu'il m'offrait commençant toujours par « cher petit ». J'avais vraiment l'impression de vivre dans un film de Belmondo, plus marginal que le magnifique. Comme cette fois, un vendredi soir, où nous avons fait Paris-Orly en dix-huit minutes chrono, slalomant, hilares, entre les voitures, dans sa Clio gris métallisé. Nous sommes arrivés *in extremis* en terminant par un sprint dans le hall. Nous nous sommes envolés pour le Sud et avons ri pendant tout le vol. La vie me semblait être un jeu où chaque nouvelle case apportait une surprise. J'aimais voyager avec lui, déjeuner et dîner avec lui. Je ne connaissais pas de meilleure manière de passer du temps et c'est d'ailleurs toujours le cas quand il est dans ses bons jours. Il me donnait une confiance inébranlable en l'avenir. Si être adulte c'était ça, j'avais hâte de participer à cette fête.

Après, il y a eu l'université, les voyages et les affaires. Je crois que ce sont elles qui nous ont abîmés. Comme le rappelle le dicton que tant de gens aiment balancer avec ou sans fautes de français : « Les affaires, c'est les affaires. »

Eh bien ce cliché est vrai. Et comment fait-on la part des choses dans les affaires familiales ? En grandissant, les disputes sont montées en puissance au gré des évolutions conjoncturelles, en commençant par l'expansion d'une boîte suédoise en quatre lettres. Les choses se sont tendues. Et je me suis moi aussi refermé de plus en plus. Je n'arrive pas à mettre le doigt sur le point de départ.

Je me demande parfois, même si c'est du temps perdu de se poser ces questions, ce qu'aurait été notre relation si nous n'àvions jamais travaillé ensemble. Je pense surtout que pendant toute la première partie de ma vie, nous respections nos différences. Il admirait mon côté rêveur, mon imagination, mon empathie et aussi ma capacité d'analyse. D'ailleurs, souvent quand mes qualités étaient un atout pour nous, il me plaçait en avant. Ce fut le cas au début. Je devais avoir vingt-six ans, et comme bon nombre d'entreprises, nous étions nous aussi frappés par la concurrence chinoise. Nous avons dû fermer un site très ancien. Des hommes et des femmes y travaillaient avec nous depuis plus de dix ans pour certains. Nous ne pouvions tous les reclasser – je déteste d'ailleurs ce mot. J'ai géré entièrement le plan social de cette unité. Je sais qu'il ne m'a pas laissé faire pour me refiler la salle besogne, ce n'était pas son genre, mais parce qu'il savait qu'en dépit de la dureté de la situation, je saurais trouver les mots et que ceux qui allaient se retrouver au chômage sentiraient cette chose essentielle : le respect. Il m'avait appelé la veille des premiers entretiens pour me dire : « Imagine que ce sont des membres de ta famille. » Il voyait en moi le digne héritier qui allait intégrer ses valeurs, qui me semblaient parfois si éloignées des miennes. J'étais subjugué par sa volonté et sa force, j'avais appris que dans le monde des affaires, en tout cas le sien, ce sont ces qualités-là qui l'emportent.

J'arrive chez moi : tout est éteint, sauf le couloir, à côté de la chambre de James ; je vois une ombre osciller dans des mouvements compulsifs. Je ne sais que trop bien pourquoi. Je préfère pour l'instant sortir ça de ma tête, je n'ai pas la force de m'y confronter.

Je pose la boîte sur la table de la cuisine et ressors la coupure de journal. *Georges Fier assassiné par un terroriste.* Par où commencer ? Je fais ce que n'importe quel connard ferait à ma place : une petite recherche sur Google. Je tape « archives Algérie », puis « archives Algérie française ». Les premiers sites ont la même racine d'url : ANOM. J'apprends que c'est l'acronyme des Archives nationales d'outre-mer. Ça fait sens. Très vite, je suis dirigé vers une page où je peux entrer les noms des personnes recherchées. J'écris le nom de mon grand-père, ainsi que quelques dates. J'appuie sur « entrée ». Rien. Je vais sur d'autres sites du ministère de l'Intérieur, d'autres pages de recherche et fiches d'inscriptions : toujours rien. Je fais des va-et-vient entre la barre Google et ces pages aux logos officiels de l'État français. J'ai le temps d'ouvrir une bouteille, de me servir un verre de vin. Je me retrouve sans forcer sur des sites qui s'autoproclament référence sur l'histoire algérienne. Je clique encore sur des forums. Je reste un peu sans participer, mais en faisant défiler l'historique. Les internautes sont assez excités depuis l'annonce de l'ouverture des archives prévues pour décembre. Je vais sur plusieurs sites qui se ressemblent. Les intervenants sont plutôt mixtes, à en croire les pseudos, et tous sont extrêmement vindicatifs contre l'aventure française en Algérie. Je lis que l'accès aux documents qui arrive *beaucoup, beaucoup trop tard permettrait enfin de mettre en lumière les atrocités françaises sur cette terre étrangère.* Des mecs aux pseudos pas possibles et ultra agressifs parlent de crime contre l'humanité et veulent *baiser* la France, *cette terre de porcs et de racistes.*

Je me sers un autre verre. Je ne suis pas étonné, l'histoire de ce territoire français, je ne la découvre pas aujourd'hui. Je sais qu'il y a un truc qui ne passe pas chez nous, là-bas, entre nos deux pays, et j'ai l'impression d'être posé du mauvais côté de ce point de crispation. Je me suis replongé dans cette histoire, mais je n'ai pas trouvé une ligne sur mon grand-père. Julia a raison, il doit forcément y avoir quelque chose. Il y a eu un meurtre, des articles en ont parlé. Cette mort avait ému la communauté des pieds-noirs.

Je suis au point mort.

Je connais un mec qui peut m'aider : Albert Ruby, mon ancien prof d'histoire du lycée. Il a déménagé il y a longtemps au pied du mont Blanc où il continue d'enseigner et consacre du temps à ses recherches. Un sujet de niche, sur la puissance des mythes dans l'histoire contemporaine. Nous étions deux en première à avoir maintenu une relation en dehors du lycée avec lui. Nous nous étions rapprochés lors d'un voyage de classe au ski. C'était un malade de grimpe et il nous avait passé le virus.

Je dois avoir son numéro quelque part.

VII

Je n'ai pas eu beaucoup de mal à le contacter par téléphone. Il était là où je l'avais laissé il y a environ quinze ans, à la même adresse, à côté de Saint-Gervais. J'ai retrouvé sa voix grave et posée, si rassurante. Son humour souvent mâtiné d'ironie, sa manière de faire aboutir ses raisonnements grâce à de subtiles métaphores qui ajoutaient de la beauté au monde, les liens qu'il se permettait de tisser entre les mots. Nous avions l'impression qu'il inventait une langue. « Fais confiance à tes pieds », nous disait-il quand nous avancions un peu trop hésitants sur les glaciers. À la ville, nous attendions ses cours avec la plus grande impatience, sans trop chercher à savoir pourquoi, si ce n'est que lui était différent. Je pense aujourd'hui que c'est parce qu'il mettait du lyrisme dans nos vies. Sur le tard, il m'a fait aimer l'école, et je pense que sans lui, je n'aurais pas entamé les mêmes études. Son verbe a influencé mes choix et sûrement ceux de beaucoup d'autres.

On passe quelques minutes à résumer nos vies depuis notre dernière rencontre, une longue marche dans les hauteurs de Chamonix. C'est lui qui pose les questions et je réponds de manière très brève, n'ayant pas envie de rentrer en profondeur dans les sujets personnels même si nos échanges me manquaient.

— Ah, tu as finalement travaillé avec ton père, je me souviens très bien de lui. Comment va-t-il ?

— Il est toujours en pleine forme, aussi actif.

Il me demande si je lis toujours beaucoup.

— Oui.

Si j'ai un chien, oui aussi, et les interrogations usuelles.

— Tu fais toujours autant de sport ?

Il a une philosophie de vie dans laquelle connaissance, nature et condition physique sont intimement liées, donc venant de lui une telle question n'a pas la même portée que si c'était un coach de pilates de Notting Hill qui me l'avait posée.

— Je n'ai jamais lâché, mais l'été, je ne fais que nager.

J'ai dit ça comme si je n'avais rien fait d'autre ces trois derniers mois que d'être dans l'eau.

Il relève l'étrangeté de cette réponse et enchaîne vite :

— Marié ? Enfants ?

— Oui et oui. Il a presque deux ans, James.

— Et donc tu m'appelles en pleine crise de la quarantaine ou de paternité, c'est ça ? Tu te dis que dans ces moments de blues on a toujours besoin d'un historien alpiniste grabataire ?

Je lui balance la photo de l'article. Je pense qu'aucun mot ne peut être plus fort que ça.

— Tu m'as envoyé quelque chose. Attends, je l'ouvre.

Il prend le temps.

— Je vois, Georges Fier, Je suppose que c'était ton grand-père. Je ne savais pas… C'était une période si violente.

Il a un long soupir.

— Vous savez pourquoi il a été ciblé par le FLN ?

Il a prononcé ces trois lettres, comme s'il n'y avait aucun doute sur la paternité du crime. F, L, N, trois consonnes rapidement évoquées à l'école de la République et qui ont pénétré la pensée collective. Pour ma part, quand j'y pense en fermant les yeux, je les vois apparaître, massives et noires sur un fond orageux d'un sombre brillant. Elles ont marqué au fer rouge l'histoire croisée de la France et de l'Algérie. Une nuit d'hiver, le Front de libération nationale avait donc décidé de sceller le destin de ma famille. Les jusqu'au-boutistes de l'indépendance étaient responsables de ces balles, du sang noir qui sèche, du gosse qui court dans la forêt en hurlant quand, un mois plus tard, sa mère lui apprend la mort de son père. Je me dis que sans un petit groupe de mecs que j'imagine dans le maquis algérien, fusils mitrailleurs en bandoulière, pantalons larges, chemises longues et tombantes recouvertes par des gilets aux nombreuses poches, tout ça n'aurait pas existé et nous, les Fier, nous aurions vécu d'autres vies que les nôtres. Je vois leurs visages sans expression, avec leurs lèvres recouvertes de moustaches, leurs yeux noirs protégés par les fines visières de leurs bérets de toile épaisse. Je les hais.

Je sais surtout que je ne sais pas grand-chose, la décision d'exécution a tout aussi bien pu être prise sur un coin de table sale d'un appartement clandestin et j'en reviens à la seule question qui compte : pourquoi ? Ruby ne manifeste pas le moindre signe d'étonnement concernant mes recherches à ce moment de ma vie.

Je me reprends.

— Je n'en sais absolument rien.

— Tu as quelques éléments ?

— Non, que des choses plutôt personnelles, et je n'arrive à trouver rien d'autre.

Je marque un temps, je ne sais pas s'il faut que j'appuie sur ma frustration.

— J'ai passé quatre heures hier soir sur internet. Vous croyez qu'il y a quelque chose ? Peut-être faut-il attendre la réouverture de ces archives ?

— Écoute, les archives sur l'Algérie, c'est un terrain assez particulier. Elles sont réparties en plusieurs endroits.

Je ne l'entends plus pendant presque vingt secondes. C'est long vingt secondes au téléphone quand on attend des réponses sur l'assassinat de son grand-père. Je pensais qu'il avait raccroché.

— Allô ?

— Oui, je suis toujours là. Les archives qui vont être consultables plus tôt que prévu concernent uniquement les archives judiciaires. Si ton grand père a été une victime ciblée du FLN, tu peux aussi trouver des choses au ministère des Armées. En tout cas, il y a un lieu central et spécifique pour les archives de la colonisation française en Algérie et il faut que tu commences par là.

— L'ANOM.

— Exactement, c'est à Aix-en-Provence.

— Pourquoi sont-elles à Aix ?

— Pendant un temps assez court, jusqu'en 1975, les archives étaient conservées aux Archives nationales à Paris. Il y a eu après ça les archives rapatriées d'Algérie qu'on a appelées les archives de souveraineté.

Il marque une pause. J'imagine qu'il veut voir si je suis.

— Il faut s'accrocher.

— Je sais.

— C'est étrange que tout n'ait pas été rapatrié à l'indépendance. Que je comprenne bien : il y a eu des archives liées aux citoyens français, méthodiquement répertoriées par des fonctionnaires français laissés volontairement dans un pays étranger par l'État français.

— C'est ça.

C'est fou cette histoire quand même, J'imagine à l'époque le brainstorming à l'Élysée pour faire avaler la pilule. « En ce qui concerne les archives que l'on va laisser sur place pour que ça passe mieux, que penseriez-vous de les nommer Archives souveraines ? — Ah oui, excellent, mais Archives de souveraineté, ça sonne mieux, plus solennel... » Ce n'est pas chez nous mais c'est à nous, ok !

— Je pense que de Gaulle voulait éviter que la merde soit remuée trop rapidement et trop facilement.

Cette vulgarité de sa part m'étonne, mais je pense que pour lui il n'y a rien de plus expressif que cette image grossière pour expliquer les choix du premier président de la Vᵉ République. La guerre d'Algérie avait été une sale guerre où les hommes de chaque camp, sûrs de leurs droits et de leur histoire, avaient été prêts à tous les sacrifices et tous les crimes pour anéantir un adversaire nié dans son intégralité. Si on voulait que le pays avance, il fallait tailler et laisser les fantômes derrière. Il était revenu au pouvoir pour régler le problème algérien et, après tout, c'est ce qu'il avait fait.

— On peut accéder facilement à ces archives ?

— Le Code du patrimoine a longtemps fixé un long délai d'autorisation de consultation. On pouvait toujours obtenir une dérogation, mais c'était assez compliqué.

— Combien de temps, ce délai ?

— Soixante-quinze ans.

— Putain !

C'est sorti tout seul.

— Excusez-moi.

— Je t'en prie. Je sais, c'est long.

— Soixante-quinze ans ! C'est comme si on avait voulu mettre un couvercle sur cette histoire. C'est quoi la logique de faire attendre aussi longtemps ?

— Il est impossible d'écrire l'histoire à chaud. Un temps long est nécessaire pour prendre de la distance sinon la narration est forcément militante.

— Dans ce cas, pourquoi soixante-quinze ans et pas trente ou quarante ?

— Soixante-quinze ans, c'est la durée d'extinction d'une génération.

Je me dis que c'est aussi l'âge de mon père.

— Le meilleur travail d'analyse, à mon sens, qui ait été fait sur la Révolution française fut celui de Tocqueville quatre-vingts ans après, ce n'est pas un hasard.

Décaler le dévoilement à soixante-quinze ans, c'est considérer que les générations sont perméables entre elles, que les fils n'ont pas le poids de l'histoire de leurs pères et grands-pères, qu'ils peuvent lire le récit de la veuve d'un mort qui porte leur nom à froid. C'est bien mal connaître la nature humaine. Je ne dis rien, je sais qu'il sait ce que je pense. J'ai l'impression qu'un immense trou a été creusé dans lequel on aurait tout jeté, les morts et les blessés, les orphelins et les trahisons.

— Donc cette décision d'ouverture n'est pas une mauvaise chose ?

— Je n'ai pas dit qu'elle l'était. Je pense juste qu'elle n'a pas été prise pour les bonnes raisons.

— Comment ça ?

— La guerre d'Algérie, l'indépendance, le rapatriement des pieds-noirs, l'abandon des harkis, ce sont des sujets qui demandent du recul.

— Ça fait soixante ans.

— Ça pourrait faire trois cents ans, le problème n'est pas la durée mais les motivations. Si une narration domine les faits, ce n'est alors pas l'histoire qui est écrite mais une histoire, celle de la pensée dominante ou des plus sensibles, ce qui est aujourd'hui la même chose. Notre travail à nous, les historiens, c'est le contraire de ça. Nous devons séparer les faits et leur séquence de causes et conséquences des vérités charriées qui ne laissent place à aucun débat ni nuance, bref de véritables dogmes.

Il a accéléré son débit.

— Sans ça, il est impossible de vraiment comprendre.

— On est tous d'accord, mais les crimes doivent bien être mis au jour.

— Des deux côtés alors, ces documents ont sans aucun doute une grande importance au regard de l'historiographie. Le problème, vois-tu, c'est que cette ouverture et surtout la manière de l'annoncer me semblent être un signal envoyé aux partisans de la repentance. Je crains bien qu'éclairer d'une lumière plus forte les crimes d'un seul des belligérants ajoute de l'hystérie à la folie. Surtout, et c'est peut-être le plus grave, cet acte ne me semble motivé que par des raisons purement politiques. Un historien militant, ça ne devrait pas exister.

— Quels dogmes ?

Il s'apprête à commencer une phrase.

— J'ai très envie de poursuivre cette discussion mais je suis exténué, il est presque minuit. Pourquoi ne viendrais-tu pas me voir ? On a encore quelques semaines pour aller sur le glacier…

Je n'ai pas l'intention d'y aller.

— Pourquoi pas ? J'aimerais beaucoup.

— Commence par Aix, 29, chemin du Moulin-de-Testas. Je vais réfléchir de mon côté. À bientôt.

— À bientôt, monsieur Ruby.

— Attends, pour mettre toutes les chances de ton côté, n'oublie pas de consulter le ministère des Armées.

En raccrochant, je pense à ce vieux pote écrivain, Bruno de Stab. Il avait écrit un beau livre sur Ligonnes et en préparait un autre dont la mort tragique des fils Malraux était la toile de fond. Il était passionné par l'Amérique des années 1960, sa musique, ses bagnoles, ses fringues, le concept du *cool.* La dernière fois que je l'ai vu, il revenait des archives des armées à Vincennes. C'était la gendarmerie qui avait suivi le dossier des fils du ministre de la Culture de de Gaulle. Il avait l'habitude de se coucher tard.

— Ça va, bro ?

— Ouais, et toi, mon Adam ? Ça fait une éternité que je ne t'ai pas vu.

— Tout va bien, mon pote. J'ai une question à te poser sur ton bouquin. Tu vas toujours aux archives de l'armée ?

— Toutes les semaines. Un peu une tannée d'aller jusque-là bas, mais c'est super bien organisé et le mec qui s'occupe des visiteurs est cool.

— Comment ça marche, tu peux me mettre en contact ? Je cherche des infos sur la mort de mon grand-père en Algérie.

— Of course, bro. Attends, je te transfère le mail. Tu peux déjà le contacter de ma part, et quand tu passes à Paris, on ira ensemble pour que tu t'inscrives comme lecteur.

Je l'entends tapoter.

— C'est parti, yeees. Fais-moi signe quand tu viens.

— Je t'embrasse.

Je lis la signature du mail :

Attaché d'administration de l'État
Chef de la Division de l'accueil et de l'information du public (DAIP)
Département des publics (DP)
Centre historique des archives (CHA)

Je sors de la boîte toutes les pièces qui me semblent avoir un intérêt administratif pour aider les recherches et je rédige un mail.

Cher monsieur,

Je suis Adam Fier. Je vous écris sur les conseils de mon ami Bruno de Stab. Je souhaite faire des recherches sur mon grand-père et principalement sur les circonstances de son décès survenu à Al Bliar.
Mon grand-père a été assassiné le 14 janvier 1957.
Nous n'avons eu que peu d'informations. Tout juste savons-nous qu'il a été abattu par balle par un membre du FLN.
J'espère pourvoir trouver des éléments d'enquêtes, PV…
Georges Fier ou Fierdj
Naissance 13 août 1909, à minuit à Blida
Mort 14 janvier 1957
Je vous joins également une photo de ses actes de mariage et de décès.
Lors de mon prochain voyage à Paris, je viendrai m'inscrire comme lecteur.
Bien à vous,

Adam Fier

Je reçois une réponse le lendemain un peu avant 11 heures :

Monsieur Fier

Je reviens vers vous suite à votre message.

Je peux vous conseiller de demander via le formulaire en pièce jointe une communication par dérogation sur la cote suivante :

GD 2010 ZM 4 6023

En effet, cette référence de carton contient les procès-verbaux de gendarmerie pour la ville d'Alger du 01/01/1957 au 28/02/1957.

Il faut que vous indiquiez dans le formulaire joint l'objet complet de votre recherche, comme vous l'avez fait dans votre mail de départ.

Nos collègues des fonds gendarmerie pourront pousser les recherches pour identifier d'autres documents s'il y en a, ou indiquer la bonne cote.

Merci d'imprimer le formulaire, de le renseigner et de me le retourner par mail.

Cordialement,

David Bravo

Je suis agréablement surpris de cette réactivité et le remercie. Je fais un copier-coller que j'envoie également à l'ANOM.

VIII

J'ai l'impression que cette pluie ne s'arrêtera jamais. Ce matin, c'est la pire, un long crachat de fines gouttes précipité par le vent – un mardi d'automne à Londres. Je descends dans la cuisine : Michelle est assise sur une chaise, les yeux rivés sur son téléphone, sûrement à commander des trucs inutiles sur Amazon. Elle ne relève même pas la tête. Nous sommes deux ombres dans cet appartement.

Ce n'était pas écrit. La promesse était pourtant belle. Comment les choses ont-elles pu dégénérer ainsi ? J'ai voulu cette femme si élégante et discrète, d'une beauté humble. J'ai aimé sa force et sa timidité, sa bienveillance et son goût. Nos deux premières années furent une chanson douce. Mes parents l'ont tout de suite adoptée. Ils me voyaient bien, et leur approbation généreuse et sincère me rendait encore plus heureux. J'avais le sentiment d'être en route vers ma vie, d'accomplir cette destinée d'une grande famille unie, territoire de forces et d'affection, où les belles-filles discutent longtemps après le dîner avec leurs beaux-parents. L'existence me semblait alors ronde, l'arrivée de Michelle, une belle promesse.

Cela a été progressif, je ne l'ai pas vraiment vu venir. Je ne savais pas, alors, qu'une toute petite peur peut ouvrir en grand la porte de l'enfer. Comme beaucoup de futures mères avant elle, pendant les premiers mois, ma femme a eu quelques saignements. En allant à l'hôpital, elle était certaine que c'était fini. Lorsque l'obstétricien nous a dit que la petite ombre grise et blanche à l'écran dont on entendait le cœur battre allait bien, elle a créé un mécanisme pour la protéger. Une science bien à elle, mélange de culpabilité, de fatalisme et de mysticisme dont les femmes brésiliennes ont le secret. Ça allait de « qu'ai-je fait de mal ? » à « c'est un signe ». Oui, c'est ce soir de mai que tout a commencé, et moi, je n'ai pas compris l'importance de cette peur, de ces mots.

Très vite, les choses ont empiré, Michelle est entrée dans une spirale d'autoflagellation, visant à assurer par un jeu de balance avec les forces de l'univers la bonne santé de notre fils.

Si le sort avait failli nous l'arracher, il fallait conjurer cette fatalité. Elle a commencé à prier, le soir avant de s'endormir. Ce n'était pas une prière sereine et méditative, mais un devoir d'école à remplir. Elle priait comme ça, de manière mécanique, balançant ses épaules et embrassant frénétiquement son chapelet. Elle ne priait pas par foi, mais par obligation. Elle s'imposait de cocher plusieurs cases pour protéger l'enfant d'éventuels drames. Elle ne se rendait pas compte que le tragique, c'étaient les barreaux qu'elle dressait entre le monde et nous. Les dieux ont toujours soif : d'une heure, la prière a glissé à deux, puis cinq heures. Elle priait le matin, elle priait le soir et la nuit. Sa vie était rythmée par ce rituel morbide.

Les rares fois où, jeunes parents, nous sortions, avant même d'avoir quitté la maison, elle faisait des calculs et des prédictions, obsédée par l'heure à laquelle nous rentrerions. Il fallait que ce soit le plus tôt possible. Je ne le savais pas alors, mais elle avait en tête le long rituel auquel elle devait s'astreindre. Elle ne voulait aller nulle part, rester chez nous tout le temps. Elle me mentait, et comme une alcoolique qui vide en cachette les bouteilles de parfum, elle attendait que je m'endorme pour pratiquer sa danse de mort.

Une nuit, je me suis réveillé vers 3 heures, j'entendais des murmures sur le moniteur de surveillance de James. J'ai vu sur cette petite image diffusée en noir et blanc l'expression de la folie. Cette femme, il y a peu vivante et magnifique, était à genoux sur le sol, en train de prier devant son fils endormi, lové dans une turbulette. J'ai filmé l'écran avec mon portable, car je me suis dit que même moi je ne pourrais le croire le lendemain. J'ai élaboré de nombreux stratagèmes pour reprendre notre vie en main. Comme un joueur, je laissais une chance pour me refaire.

Il y avait la grossesse, nous venions d'avoir un bébé… Mais non, je devais ouvrir les yeux, cette situation atroce était la nouvelle normalité et il fallait que je me la prenne en pleine gueule pour donner un grand coup de talon et remonter à la surface. Elle me disait que le problème ce n'étaient pas les prières, c'était que je ne supportais pas la vie de famille. J'ai mis du temps à comprendre qu'il ne s'agissait pas d'une passade, qu'elle avait touché le fond et m'aspirait avec elle vers cet abîme. Je m'en voulais de n'avoir pas vu, j'en voulais à la vie de me faire ça, c'était si injuste.

J'avais envie de me taper la tête contre les murs, marcher vers ce trou de ma propre volonté, sans aide extérieure. Je ne supportais plus cette vie ensemble, je la maudissais d'avoir tout gâché. J'étais constamment irrité et nerveux : une grenade qui attend le moindre prétexte pour être dégoupillée.

Je fais des aller-retour entre la cuisine et le salon, cherchant un putain de classeur bleu. J'ouvre trois fois le même tiroir dans lequel il devrait être. Je ne le trouve pas, je me plains volontairement à voix haute comme si elle en était responsable. En ouvrant un placard, je tombe sur une photo de mes parents avec mon fils, retournée et poussiéreuse. Elle trônait jusqu'ici sur une étagère de la bibliothèque. Je n'avais pas remarqué qu'elle n'y était plus. Je fonce vers Michelle, toujours les yeux sur son téléphone, et place la photo d'un geste brusque à deux millimètres du visage. Je lui dis en anglais (ça sonne beaucoup mieux) :

— Qu'est-ce que tu crois que tu fais là ?

La conne me répond sincèrement :

— Désolée, je ne pouvais plus voir tes parents, même en photo. Sorry.

J'ai le visage fermé, les lèvres serrées. Soudain, je lui déverse un flot de reproches et d'insultes. J'essaie quand même de faire une vraie phrase, mais je suis dominé par mes nerfs et ma haine :

— Ce n'est pas étonnant que tu te comportes comme ça. Tu n'as jamais eu de famille et tu as bousillé ta seule chance d'en intégrer une qui t'avait si bien accueillie.

Elle me répond à peine ; des silences, des mouvements de main ou des « sure », ça me rend encore plus fou. Je lui dis ce que je lui dis souvent ces derniers temps quand on s'engueule.

— Tu as ruiné ma vie.

Je le pense sincèrement. Je lui en veux tant de m'avoir englouti dans ce vide que je fuis depuis mes dix ans, ou peut-être même avant, puisque j'étais mort-né. La naissance et la mort, le cycle de la vie condensé en un point de l'espace-temps, il y a quarante ans. Là est l'élément déclencheur d'un processus de questionnements qui ne m'a jamais quitté.

Je devais avoir cinq ou six ans, lorsque j'ai entendu ces deux mots prononcés ensemble : Adam est mort-né. J'étais un survivant, et sans le savoir, j'avais rappelé encore une fois à cette famille la fragilité de la vie. Les dernières larmes de deuil avaient coulé un an plus tôt pour mon frère aîné que je n'ai jamais connu. Quant à moi, j'ai senti enfant la chaleur de la lumière de cette lampe inconnue de nous mais qui tient éveillé le monde, éclairant le chemin entre les deux néants. Tout cela donne le vertige et, pendant un temps, c'est ma grand-mère adorée, Mamo, qui a comblé cette peur du vide. Vestige du paradis perdu algérien, elle était ce socle de douceur et de bienveillance qui sécurisait ma réalité. Il n'y a pas d'histoire qui me touche plus que celle de cette femme se rendant à Orly lorsqu'elle apprit que je luttais pour la vie. Elle n'était pas religieuse, mais sans se poser de questions, elle a pris le premier vol pour Jérusalem. Sur un petit papier destiné à être placé dans les étroits trous du mur des Lamentations, elle a écrit « faites qu'il vive ». Elle m'appelait « ma vie ». Je ne pense pas m'être jamais senti aussi proche de quelqu'un. Son amour et sa constance étaient absolus. Quand on m'a raconté cette histoire, je n'ai pas compris ce que ça signifiait. Je trouvais ça cool d'avoir motivé un voyage vers une terre qui me semblait exotique, mais rien de plus. C'était juste une histoire. Souvent, je pense à ces quelques jours, toutes leurs étapes. Ma grand-mère, assise dans l'avion, regardant à travers le hublot, passant la sécurité et répondant aux questions d'El AL, arrivant dans ce pays étranger. J'imagine ses pensées tout le long, toutes celles qu'elle a voulu m'envoyer et qui ont dû forger le lien qui s'est créé entre nous. Mes parents travaillaient comme des chiens, et elle, tous les jours, à 16 heures avec sa mini Austin bicolore et son terrier, elle m'attendait avec un pain au lait et une tablette de chocolat dans un sachet en papier blanc, devant les grilles noires de l'école de la rue de la Ferme. Savoir que, tous les jours, à la même heure, cette femme aimante et qui sent bon sera là, sans jugement ni autorité, qu'elle attendra avec tout son amour et son attention, ça donne une telle force et une telle confiance. Quand on a connu ça, on ne peut qu'avoir envie d'aller loin. Alors, quand l'été de mes dix ans, cette moto japonaise l'a percutée à 180 km à l'heure en pleine rue, la projetant à plus de dix mètres et que son crâne s'est fracassé au sol, les doux sentiments de confort et de continuité m'ont quitté. Je découvrais à mon tour que tout pouvait arriver, à tout moment, et spécialement chez nous.

Je te sens et t'accepte, la mort, ma vieille amie. Tu prends les miens, toujours sans prévenir, tu habites mes nuits et me détaches des jours. J'ai repoussé tes mâchoires par un excès de vie. J'ai voyagé sans m'arrêter, j'ai couru des marathons et gravi des sommets sur tous les continents. Ne jamais poser mon sac, avancer, courir. Il n'y avait pas de limites, mais je savais que l'absurdité du tragique me faucherait à mon tour quand je ne m'y attendrais pas. Et alors ? Une balle pour lui, une moto pour elle, et pour moi, quoi ? Depuis plus de vingt ans, j'oscillais entre le monde des idées et la course de la vie ; quand je m'excluais du mouvement, j'étais aspiré par la béance de l'ennui. Cette tornade de rencontres et d'actions était devenue un tourbillon qui m'attirait vers ce néant refoulé et Michelle en était la responsable. J'ai maintenant perdu tous mes repères et tout semble se désarticuler, y compris le temps.

Ma décision est prise, irrévocable : je la quitte.

IX

J'ai envoyé les photos de mon grand-père en tenue militaire à la cousine germaine de mon père, Sylvie, la fille du frère de Mamo. Je n'ai rien transmis d'autre que ces clichés qui montrent ces hommes bruns, dans la force de l'âge, habillés en kaki. Georges, au sein de l'armée française, à des âges différents. Ce sont surtout ces périodes qui m'intéressent. Je veux tout savoir, dans quel pays il a été envoyé, les mecs avec qui il s'est lié d'amitié, ses missions… Peut-être ces petites pierres me guideront vers la cause de sa mort. Sylvie doit avoir dix ans de moins que mon père. Elle n'a presque pas habité en Algérie, mais je me souviens qu'elle était très au fait des histoires de famille. C'était toujours elle qu'on appelait quand on avait un trou de mémoire au sujet d'un nom ou d'un plat. Mamo me disait toujours qu'enfant, elle était amoureuse de mon père. À ma naissance, ils s'étaient brouillés avec cette partie de la famille. Puis, ils se sont réconciliés et je me rappelle avoir passé beaucoup de temps avec Sylvie, son mari et sa fille. De bons souvenirs. C'était nouveau pour moi d'avoir des cousins. Peu de temps après la mort de ma grand-mère, nos familles se sont fâchées à nouveau, j'ai oublié pourquoi, sûrement une question de principe. Je crois qu'ils se reparlent maintenant de temps en temps sur Facebook. Des petits messages comme si rien ne s'était passé.

Je vais droit au fait :

Hello, j'espère que tout va bien à LA. J'ai trouvé ces photos de mon grand-père. Tu sais où il a été envoyé pendant la guerre ?

Elle me répond presque immédiatement :

Quand les Américains ont débarqué à Alger en 1942, mon père a été enrôlé à dix-huit ans et a été envoyé sur le front en Italie. Sa division est remontée poste après poste vers la France. Ton grand-père a été mobilisé en Algérie.

Je réponds :

Il a sûrement dû participer aux opérations de la Résistance, non ? Tu sais quelque chose ?

Cette période de l'histoire de France m'a toujours obsédé. Je suis fasciné par les résistants, les récits de leurs actions, leur choix. Je pardonne tout à un résistant et je n'excuse rien à un collabo. La lutte du bien contre le mal ne s'est pour moi jamais aussi clairement exprimée qu'en France, à ce moment de l'histoire. Il y a ceux qui ont dit non et ceux qui se sont couchés, ceux qui sont tombés et ceux qui se sont planqués, ceux qui se sont sacrifiés et ceux qui ont profité, ceux qui ont risqué leur vie pour des inconnus et ceux qui ont dénoncé leur voisin. Manichéen, je sais, mais c'est ce que je pense. Il y a des actions si bonnes, même uniques dans une vie, qui suffisent à dire qui on est, à effacer tout le reste. La réciproque est vraie pour le *Haut mal*. Je regarde sur YouTube presque tous les ans « Entre ici, Jean Moulin » et j'ai du mal à ne pas chialer au son de la voix de Malraux devant le Panthéon. Alors oui, quand j'ai vu mon grand-père à trente piges en tenue militaire avec sa force et son élégance, je me suis dit : « Je sais qu'il en était. » Je l'imagine en costume impeccable agir dans l'ombre avec un frère d'armes qui devait ressembler au Bison de *L'Armée des ombres*. Cet univers est le sien. Celui des gestes précis et silencieux, des regards où se joue un destin.

Le message s'affiche :

> *Comme tu le sais, les Allemands n'étaient pas physiquement présents donc il n'y a pas eu de Résistance. Éliette et Corine se sont portées volontaires auprès des Américains pour être traductrices. Corine pourra te le confirmer. Ton grand-père a été mobilisé pendant la « drôle de guerre », je m'en rappelle.*

La douche froide. Je la vois qui écrit…

> *Les temps étaient durs pour les Juifs là-bas aussi. Eliette et Corine ont été virées de l'école suite aux lois raciales de Vichy. Comme tous les Juifs, elles ont été déchues de leurs droits et sont devenues des indigènes.*

Je suis très surpris d'apprendre que mes grands-tantes ont aidé les Alliés. Je savais que les Juifs là-bas avaient perdu leur citoyenneté, mais à cet instant, les mots s'incarnent. Je les vois avec le visage que je leur connais, en tenue d'écolière. C'est bizarre, mais je ressens la honte de ces gamines que je vois en vieilles dames. Je repose la même question sur Georges et l'Algérie, Sylvie me répète à nouveau ce qu'elle m'a écrit. *Non, enfin, c'était impossible pour les Juifs après la promulgation des lois raciales.* Ça fait sens.

Je sens qu'elle trouve mes questions stupides, mais elle ne peut pas comprendre que cette histoire de malentendu, douze ans après la fin du régime nazi, ne me satisfait pas. Alors, je ne lâche pas et tente de partager ma logique qui n'en est pas une. Juste le souhait d'un petit garçon de voir son grand-père en héros.

> *Alger était contrôlé par Vichy, et les Alliés ont bien débarqué là-bas. Ils ont forcément dû être aidés par une Résistance locale ?*
>
> *Non, je te le répète, il n'y a pas eu de Résistance. Ni dans notre famille ni dans tout Alger, car comme je te l'ai déjà dit il n'y avait pas d'Allemands. Ils ont vécu cette guerre comme ils ont pu. Éliette est tombée amoureuse d'un pilote anglais, elle a failli partir avec lui, mais a renoncé car elle ne voulait pas quitter la famille.*

Je n'insiste pas et la remercie. Je pense à Éliette qui aimait tant les livres. Elle ressemblait à Mamo comme une sœur jumelle. Longtemps avant sa mort, je ne la voyais déjà plus, et j'ai regretté de l'avoir si peu accompagnée. Je ne sais plus pourquoi mon père s'était éloigné de sa tante.

Je n'ai pas bougé du salon. J'ai vu Michelle entrer et sortir à plusieurs reprises, chaque fois avec des sacs de nourriture pour bébé. Ça m'irrite, cette passion pour le lait et les compotes. L'air est toujours électrique entre nous. La violence est là, imprégnée dans les murs et les meubles. Une rage triste et lourde. Je me dis que dans les couples où le mec cogne, il doit y avoir un moment de rééquilibrage ou de bascule, où le connard se sentant minuscule pose une action. Une excuse, il reparle à sa femme comme si de rien n'était, un truc bien lâche et minable et elle, tant qu'elle se sent dépendante et peut encaisser, continue cette vie de souffrance physique et psychique. Chez nous, il n'y a pas de coups, mais des mots et des comportements qui abîment l'âme et ce sentiment qui rend fou d'avoir eu les plus belles cartes entre les mains et de les avoir brûlées.

C'est toujours la même histoire : quand ça foire, ce sont les choses qu'on a le plus aimées qui deviennent les causes du rejet. Par exemple, Michelle parle aux morts, c'est un de ses trucs de Brésilienne. Parfois, on est dans un endroit, une chambre d'hôtel, un appart, je la vois fixer un point et elle me dit : « Ne t'inquiète pas, ce n'est pas un mauvais esprit, il est juste perdu. » Ouf, tu me rassures. Elle m'a fait le même plan à Saint-Tropez, chez mes parents, dans la chambre qu'occupait Mamo. Elle savait ce que cette femme représentait pour moi. « Elle est encore là, tu sais, tu devrais passer une nuit là-bas. Méditer… Tu ressentirais des choses. » Je l'ai écoutée, et j'ai vraiment senti la présence de ma grand-mère. Michelle voit des signes partout et est capable de passer trois heures à tenter de comprendre ce que signifie la présence d'un lézard. Inutile de lui expliquer qu'ils sont là pour gober des moustiques. Elle a une voyante « incroyable » à côté de Los Angeles, un astrologue « de fou » en Amazonie, et elle ne prend pas une décision sans les consulter tous les deux dans cet ordre. J'ai aimé ce mysticisme que je prenais pour une profonde originalité, et maintenant pour une stupide folie.

Combien de fois je me suis refait le film de nos débuts en me disant que j'aurais pu voir ce qui allait suivre. J'ai deux manières de m'y prendre. Soit je commence par le mauvais et je me dis : « Ne sois pas si dur, il y avait quand même ça et ça de bien. Tu as passé de vrais bons moments. » Soit c'est l'inverse. Je revois ce qu'il y avait de bien, notre liberté et la plénitude des premiers temps et après je défonce tout. En ce moment, c'est cette seconde méthode que je préfère. Putain, je le voyais bien qu'elle avait une fêlure, qu'elle était en rupture avec sa famille, qu'elle avait quittée à douze ans. Ses parents étaient inexistants, elle ne leur parlait jamais et ne les avait pas vus depuis près de quatre ans. Il ne faut pas être devin pour savoir que ça laisse des traces, ces choses. Eh bien voilà, ça nous a pété à la gueule avec la naissance de James… Et maintenant, je fais quoi ?

Il y avait aussi le scénario « je me suis fait niquer ». Elle a fait son gosse avec un mec qui avait les gènes et le passif qu'elle ciblait, choisi comme sur catalogue, et maintenant qu'elle avait ce qu'elle voulait, elle n'en avait plus rien à foutre de rien, sauf de son gamin. C'était exactement ce que pensaient mes parents : « Tu t'es bien fait avoir. » En réalité, ils pensaient le pire d'elle. Ça a explosé pendant le Covid. Nous avions passé le second confinement au Maroc tous ensemble. Michelle était comme un animal blessé, qui se cache des autres. Mon père a la faiblesse en horreur, surtout quand elle est psychologique, il ne la comprend pas. Elle est pour les autres, pas pour les Fier. Je voyais son regard s'assombrir jour après jour, les critiques et remarques acerbes étaient de moins en moins espacées. Un matin, il m'a proposé d'aller prendre un café avec lui. Nous avons nos habitudes dans un petit bar de la médina, une minuscule terrasse sur la rue. Je savais que ce moment passé ensemble serait différent des autres. Durant tout le trajet à travers les souks, il ne m'a pas adressé un mot. Je vois encore ses larges épaules avancer devant moi. Là-bas, il porte toujours un gros pull en cashmere et une écharpe nouée autour du cou. Il en a des centaines de toutes les couleurs qui reposent sur les étagères de ses dressings, mais c'est toujours un gris chiné qu'il porte ici, sa couleur. Les matins sont frais, et on reconnaît les Marrakchis justement au fait qu'ils sont particulièrement couverts, connaissant ce pays froid au soleil chaud. Il avait retrouvé ici un peu de son Orient perdu et me l'avait transmis. Des odeurs de plats, d'épices, de rues, des habitudes, et les Arabes. Il me citait souvent sa grand-mère qui, sentant le départ, aurait dit : « Comment vais-je faire sans les Arabes ? » Il était fier de cette phrase qui montrait la proximité, l'entremêlement des Français d'Algérie avec leurs frères musulmans. Moi, elle me gênait car je trouvais que si elle donnait aux Arabes une place sur la photo, c'était celle d'un arrière-plan, et chaque fois que j'entendais ces mots, souvent pour illustrer la proximité de ma famille avec le monde arabe, je me demandais qui accepterait de faire seulement partie du décor dans son propre pays. C'est mon interprétation, forcément anachronique, des mots de mon arrière-grand-mère. Je ne sais même pas ce que pense mon père à ce sujet. Je réalise que je ne lui ai jamais demandé. Je suis certain que pour lui ces paroles avaient une charge positive et qu'elles symbolisaient un temps de concorde entre les trois religions d'Abraham, qui contribuait à la douceur de son enfance. Moi non plus, je ne me sentais pas en pays étranger mais à la maison. J'aime l'Orient, ses couleurs, sa lumière, son odeur, sa magie, sa liberté et la générosité de ses habitants. C'est ici que mes parents ont passé du temps pour la première fois avec Michelle.

C'était presque quatre ans plus tôt, jour pour jour, à la fin d'un mois de janvier aussi – cette période est souvent calme, il y a peu de touristes. Ils l'ont tout de suite adorée. Je voyais sur nous leur regard bienveillant et je sentais qu'ils étaient simplement heureux que j'aie trouvé une fille comme elle. Elle, de son côté, valorisait mon sens de la famille. Elle se disait sûrement qu'un mec qui aime autant ses parents doit forcément avoir un bon fond. Je ne pense pas avoir été souvent plus heureux que pendant ces quelques jours au Maroc, une plénitude presque totale. Une fin d'après-midi, mon père nous a emmenés tous les deux chez l'un de ses tailleurs près du Mellah. Il avait vu, ce matin-là, Michelle au milieu du salon, un café à la main, vêtue d'une longue robe de chambre en soie. Un modèle à l'anglaise sorti d'un film d'époque. Tout de suite, sans rien demander, il avait inspecté le col, les plis, soupesé la matière en murmurant. Après lui avoir demandé de faire un tour sur elle-même il s'était écrié :

— On va faire la même en velours, oui en velours, ça tombe bien, je dois en avoir encore cinq mètres.

Comme souvent avec lui, il n'avait plus que ça en tête. Dessiner, faire faire des choses, des vestes, des objets en fonte, des meubles étaient ses principales activités là-bas. Créer, toujours et encore, dans la vieille ville, dans une zone industrielle, il avait des fournisseurs et des ateliers pour tout dans toute la région. Sans nous prévenir, il avait fait envoyer la robe de chambre bien enveloppée avec un croquis chez le tailleur pour qu'il en prenne connaissance. Je revois mon père, les bras sur l'établi, en train de montrer le col, la largeur de la poche, ce qu'il voulait de parfaitement identique et de différent, toujours un infime détail qui était « très important ». Passer une fin d'après-midi au fin fond des souks à confectionner des vêtements de soirée me semblait une chose des plus naturelles. Le mélange unique du travail artisanal le plus raffiné avec la poussière et le murmure des rues étroites me paraît être inscrit dans nos gènes.

Il la fit passer à Michelle et elle, avec son plus beau sourire, entrait pleinement dans sa mise en scène. Elle surjouait les mouvements d'un mannequin lors du plus important des essayages. Ça l'était pour moi, le plus important des essais. Il la manipulait comme le font les grands créateurs, en oubliant tout, l'humain, et en ne pensant qu'à la beauté et au résultat. Il a réussi son coup, cette robe de chambre d'un épais velours bleu et son col châle n'ont plus jamais quitté Michelle.

C'était il y a quatre ans. Mille ans semblent s'être écoulés depuis ce jour béni des dieux.

Nous nous sommes assis, j'ai passé notre commande :

— Un nosnos et un expresso. Dans des verres, s'il vous plaît.

Nous buvons toujours nos cafés dans des verres.

Il n'a pas attendu que nous soyons servis pour entamer son préambule. C'est le mot, un véritable préalable à ce qu'il pensait, ce qu'il allait me dire. Mon père adore la solennité et les grandes tirades symboliques.

— Tu sais, en habitant ensemble, on voit des choses et ce que je vois ne me fait pas plaisir. Maintenant, je suis ton père et je ne me permettrais jamais, je dis bien jamais, de m'immiscer dans ta vie ou de tenter de t'influencer, surtout dans ta relation avec ta femme. Tu es un homme, un homme marié et père de famille.

Je lui dis alors ce que je ne lui avais jamais dit.

— Écoute, c'est assez compliqué avec Michelle en ce moment, je ne vais pas te mentir, je me pose beaucoup de questions.

— Barre-toi en courant.

Il a respecté les intentions de son préambule durant vingt-cinq secondes. Bel effort. Je regrette de lui avoir parlé ce jour-là. Avec mon père, il n'y a pas de compromis, de critique légère ou de zone grise. J'ai ouvert la porte à son jugement sur ma femme et sa décision était sans appel. À partir du moment où je lui ai montré que je pouvais la lâcher, elle était hors du clan, elle n'existait plus pour les Fier. Il me voyait souffrir et je sais qu'il ne lui pardonnait pas cela. Mais non, ce n'est pas possible de se comporter ainsi, d'effacer les gens et les situations : Michelle est la mère de mon fils et le restera toujours. Pour mon père, quitter est aussi un acte de volonté et de force. Rester quand ça ne va pas est la marque des faibles. J'avais un idéal de famille unie. Que Michelle soit aimée de mes parents et qu'elle les aime en retour était peut-être la chose qui comptait le plus pour moi. J'imaginais notre mariage, mon père exprimant enfin publiquement dans un beau discours tout le bien qu'il pensait de moi, avec de gentils mots pour Michelle. Il aurait fait rire et aurait ému aux larmes nos invités. Il sait le faire. Il n'en a rien été. J'ai organisé des fêtes toute ma vie, mais nous n'avons jamais célébré notre mariage, comme si nous voulions nous protéger du bonheur.

X

J'ai fini la journée dans mon bureau à triturer encore les photos et les courriers de la boîte. Un cliché de mon grand-père posant dans une salle de boxe retient mon attention pour la filiation qu'elle exprime. Son esthétique particulière, virile, désuète et élégante résonne en moi. Les salles de boxe anglaise, leurs odeurs mêlées de cuir et de transpiration font partie de mon histoire. En général, plus le niveau est élevé et plus l'endroit est épuré. Un ring, deux ou trois sacs, un espace libre pour le shadow et la corde à sauter, c'est tout.

Le plan de la photo n'est pas large, mais je pressens une salle comme ça, vétuste, dans son jus. Je prends une loupe pour lire l'inscription en arrière-plan sur le mur de brique. *Gymnase Géo Gras.*

Cela ne fait même pas quarante-huit heures que je me suis mis en tête de découvrir les circonstances de l'assassinat de mon grand-père et plusieurs vagues d'émotion ont déjà déferlé. Comme chaque fois que je peux me raccrocher à quelque chose de réel. Quand on y pense, les morts n'existent plus qu'à travers les mots et les photos, avant de pénétrer nos pensées. C'est le verbe qui fait tout. Il n'y a pas de réelles sensations physiques, rien de matériel, que des informations stockées dans notre mémoire, fruit de notre vécu, des souvenirs de souvenirs, ou des souvenirs racontés par d'autres. La beauté du truc, c'est qu'on a le pouvoir d'en faire ce que l'on veut. Dès qu'on perd un peu ses repères, comme moi en ce moment, on se rend compte à quel point on piétine dans la nuit la plus noire. Je me dis que la petite lampe qui m'éclaire par alternance et dont la lumière faiblit année après année est en fait l'éclat de ma volonté et que le remède à l'obscurité qui se répand est la narration que je choisirai.

J'ai peu de photos, tout juste quelques écrits, et encore moins de récits de moments de la vie de Georges, alors dès que je tiens un élément indéniable, je sens une excitation qui se propage du nombril au plexus. Je l'éprouve avec ce nom, Géo Gras. Je veux savoir si cette salle existe encore, au moins le lieu. Je tape ce prénom et ce nom. Je ne tombe pas sur une salle de boxe, mais sur une cellule de Résistance. Il y a bien un club de boxe, il est à Bab el-Oued, mais j'apprends que c'était une couverture. En peu de clics, je découvre que trois jeunes mecs, d'à peine vingt-deux ans, tous juifs opposés au régime de Vichy et voulant réagir à la déchéance de leur citoyenneté, se sont organisés pour lutter. Ils ont loué cette petite salle pour former un groupe de Résistance. Ils ont engagé un ancien boxeur militaire qui les a formés au combat. Ils l'ont volontairement choisi catholique pour ne pas attirer l'attention : c'était Géo Gras. Le vétéran ne se doutait pas qu'il y aurait bientôt des armes planquées sous le ring et dans les vestiaires de sa salle. Il s'étonna, en revanche, de l'affluence à ses cours d'auto-défense : plus de trois cents jeunes vinrent suer et se former au combat pour la liberté.

Je suis si heureux d'apprendre que contrairement à ce que m'a dit Sylvie, il y a bien eu une Résistance en Algérie et qu'elle s'est même organisée très tôt, reposant quasi essentiellement sur des jeunes hommes et femmes de religion juive. En voyant leurs noms défiler sur mon écran, les fondateurs Atlan, Temime et Bouchara, celui de José Aboulker qui les rejoignit plus tard et qui eut un rôle si important, je ressens ce frisson que seul l'honneur procure. Je suis fier de cette race, je ne parle ni de couleur ni de religion, mais de la race des hommes et des femmes d'honneur et de courage ; je préférerais crever que de ne pas lui appartenir le jour où, moi aussi, j'aurai ce choix à faire. Leurs faits d'armes m'impressionnent. Ils sont si jeunes, la vingtaine pour la plupart, et les cadres n'ont pas plus de trente ans. Ils agissent par petits groupes de quatre ou cinq maximum. Aucun ne trahira. Les Américains ne se sont pas trompés là-dessus, ils leur ont fait confiance et se sont appuyés sur eux pour débarquer à Alger, ce qui leur a permis de ne déployer que peu de soldats pour affronter 500 000 vichystes. Il y a eu cette réunion secrète organisée par l'OSS, le tout nouveau service secret américain qui me semble folle. Dans la nuit algérienne, le consul Murphy, l'adjoint d'Eisenhower, le général Clark et tous les acteurs de la Résistance venus d'Alger se sont réunis dans une petite ferme à Messelmoun pour organiser le débarquement imminent des forces alliées.

C'est José Aboulker qui a apparemment le plus impressionné les Américains puisqu'ils lui ont confié la mission de rester à Alger pour bloquer les forces vichystes. Vingt-deux ans, le mec, c'est beau. Il y avait aussi des représentants du « groupe des cinq », cette cellule composée de quelques hommes, tous antisémites, tous maréchalistes et antigaullistes, mais patriotes et hostiles à la soumission de la France. Ils ont activement participé à la Résistance et ça ne serait pas honnête de ne pas le dire. L'histoire, même dans sa part la plus lumineuse, n'est pas immaculée.

Je découvre ce que je n'ai jamais vu dans aucun livre et encore moins appris à l'école. Oui, là-bas aussi les Juifs français ont été broyés par la mâchoire de Vichy, ils ont connu une humiliation que même leurs coreligionnaires de métropole n'ont pas connue : la perte de leur citoyenneté, la honte d'une carte d'identité avec la mention d'indigène juif apposée au milieu. Eux aussi ont été internés dans des camps atroces, subi des tortures, l'animalité d'ordures qui avaient sur eux tous les droits. Ils ont serré les rangs et combattu pour la liberté, formant là-bas le plus gros des bataillons de résistance. Qui le sait ? Je lis encore et encore sur la résistance de l'Algérois. C'est vaste : j'apprends qu'il y avait une antenne de Résistance gaulliste dirigée par un certain Louis Lalanne dont l'Albert hôtel était le QG. Je m'arrête à nouveau sur José Aboulker. Intrépide et jeune, il incarne pour moi ceux qui disent « non ». Je découvre que sa mère était une poétesse et également engagée dans la Résistance. Il y a chez eux ce que je ressens aussi dans le passé de ma famille, cette rencontre des plus belles valeurs de l'Orient et de la France, de la pensée et de l'action. Cette histoire riche me plaît.

Je ne savais rien de tout cela, de cette part d'histoire algérienne dans la Seconde Guerre mondiale. Pour moi, comme pour tant d'autres, Vichy, les nazis, la Résistance, ça ne concernait pas l'Algérie. Le récit de ce département français était celui d'une conquête et de la longue histoire coloniale qui a suivi. En terminale, je crois me souvenir qu'on y avait consacré quelques heures. Un traitement en parallèle de l'indépendance des trois nations du Maghreb se concentrant sur la fin de l'empire colonial français, la crise algérienne et l'indépendance arrachée. En ce qui concerne les Juifs de là-bas et leurs héritiers, il n'y avait pas vraiment d'éléments qui retenaient l'attention. La Shoah, l'antisémitisme d'État, les arrestations de la Gestapo et les rafles, c'était la grande histoire avec ses bourreaux et ses martyrs, les Juifs d'Europe. Les Juifs d'Algérie, eux, n'avaient rien à voir, leurs actes souvent héroïques sont tombés dans l'oubli. Une main les a placés à côté de l'histoire, pourquoi ? J'ai moi aussi, comme beaucoup d'autres, cette part de pensée collective gravée au fond de moi. Un mythe d'hommes bruns et bronzés à des milliers de kilomètres de l'épicentre de l'horreur vivant leur vie orientale pendant que des trains bourrés d'êtres humains partaient vers l'enfer sur terre. Leur histoire est bien différente de celle de leurs frères d'Europe qui n'avaient aucune échappatoire mais c'est une autre histoire avec ses braves et ses lâches, ses martyrs et ses chanceux. Une histoire qui, elle, a été oubliée, blessant les héros et tuant une deuxième fois les morts.

Je ne sais pas comment l'information se crée, par quel mécanisme une version l'emporte ni surtout pourquoi. Je me dis que Ruby doit avoir une idée sur le sujet. En voyant défiler ces photos, je reconnais le mec à la carrure carrée qui posait avec mon grand-père. Il s'agit de l'un des fondateurs du groupe Géo Gras, Atlan. Je réfléchis à qui pourrait m'aider, je fais des listes que je croise. Vers quatorze ou quinze ans, j'avais un pote qui s'appelait Aboulker. Nous étions assez proches, mais on s'est perdus de vue très vite. Sa famille était aussi d'Algérie, ça vaut le coup de tenter. Il est maintenant propriétaire de deux restaurants à Paris. J'ai de la chance ; c'est le premier que j'appelle. Il semble content que je lui parle de cette histoire de Résistance algérienne où le personnage principal avait son nom. Oui, José Aboulker était un cousin de son père et il en a beaucoup entendu parler enfant. Il voit toujours aux réunions de famille l'une de ses petites-filles, Annabelle qui, me dit-il, est passionnée d'histoire et a réalisé un « impressionnant » arbre généalogique de leur famille. Il la prévient de mon appel. Il paraît que c'est une grande mode, la généalogie. De plus en plus de gens, souvent jeunes, consultent des sites spécialisés à la recherche de leurs origines.

Elle m'envoie un message et me propose un *call.* Je reçois dans la foulée une invitation Zoom. Ils me fatiguent tous avec leur vidéo à la con, ça ne sert à rien de se voir en faux. Comme j'ai un peu honte de lui dire que j'ai une chance sur deux de ne pas savoir me connecter, je temporise en lui disant que je suis sur un autre « call » qui ne durera pas plus de vingt minutes, le temps de télécharger l'application. Elle me fait tout de suite bonne impression, sincère et passionnée, avec ses yeux noisette qu'elle cache derrière de larges lunettes presque carrées. J'apprends en moins de trois phrases qu'elle travaille dans une start-up avec un vrai projet RSE. Je suis rassuré, on peut continuer à échanger.

Je n'ai jamais vu quelqu'un de si organisé, elle me partage son écran :

— Heureusement que l'on est sur Zoom…

— Ah oui, c'est certain.

Elle a des dossiers et sous-dossiers pour tout, noms des protagonistes, villes, dates, événements historiques. Son truc à elle, c'est de faire vivre la mémoire de son grand-père ; elle parle même de réhabilitation. Ça la rend folle qu'il soit tombé dans l'oubli et elle est excitée de pouvoir en parler à quelqu'un que ça intéresse. De mon côté, je lui dis honnêtement que ma démarche est plutôt égoïste, que je ne cherche pas à me consacrer à son grand-père, même si je trouverais normal qu'il soit mis à l'honneur.

Je la vois ouvrir et fermer ses dossiers.

— Donc F-I-E-R, c'est bien comme ça que ça s'écrit ?

— Oui, c'est bien ça.

— Il n'y a rien à ce nom, en revanche j'ai un Fierdj. Tiens, regarde.

Mon cœur va exploser. Je hurle au téléphone, elle doit me prendre pour un fou furieux :

— Oui, c'est sûr que c'est lui !

Heureusement, elle est tellement absorbée par son écran qu'elle ne relève pas.

— Intéressant…

— Quoi ?

— Dans toutes mes recherches sur la Résistance à Alger, il y a cette maison de mode, Élysée couture, qui revient. Elle a servi de boîte aux lettres et elle abritait les réunions clandestines.

— Et ?

— Justement, ces réunions et la logistique des courriers étaient organisées par un certain Fierdj.

Sur mon téléphone s'affiche un dossier « Élysée couture » avec des dizaines de documents qui ont des noms de personnes et d'hôtels.

— J'ai récupéré pas mal d'entretiens des acteurs de cette époque. En général, c'étaient les enfants ou petits-enfants qui les avaient réalisés.

Elle ouvre et referme des pdf, pour la plupart des lettres manuscrites.

— Regarde celui-ci.

Il s'agit d'un compte-rendu d'entretien rédigé par la fille de l'un des membres du groupe de José Aboulker. Je lis : *Fierdj s'est chargé de fabriquer du matériel d'imprimerie pour faire des faux papiers, le résultat était époustouflant.* Ça me semble si évident. Il était manuel, fier et castagneur, adorait les machines, créer, c'était forcément lui. Ou encore : *C'est Fierdj qui a fait acheminer les armes des Américains.* J'en voudrais encore.

— C'est incroyable, vraiment merci.

Son assassinat, onze ans plus tard, se rappelle à moi.

— Tu n'as pas le souvenir d'un conflit interne, ou avec des collabos, le concernant ?

— Non, je n'ai jamais fait de recherches sur cet homme.

Elle continue à faire défiler les documents.

— Écoute, la fille qui a réalisé cet entretien s'appelle Julie Karsenty, je la connais. Peut-être en saura-t-elle plus, je vais la contacter.

— Oui, ça serait bien.

Je ne sais plus trop comment on s'est quittés. J'étais ailleurs, au milieu des opérations clandestines de la nuit algéroise.

XI

C'est à peu près à cette époque que l'on entre dans le dur à Londres, fin octobre. J'ai vraiment longtemps aimé cette ville, mais je réalise maintenant que le manque de lumière me fait mal. Pendant un temps, j'attendais ce marqueur de l'automne, il me semblait être une injonction à me poser enfin, dans cette vie d'homme pressé. Les choses sont aujourd'hui bien différentes, tout semble s'être ralenti, et je ressens un immense besoin de soleil, de sa lumière blanche. Il est à peine 16 heures, et il fait déjà noir. J'entends la pluie qui tombe mollement sur mes fenêtres. Depuis peu, la balance penche du mauvais côté. Entre le Brexit poussivement actionné et les confinements, cette ville de cycle a bien changé, et moi, je n'y ai plus d'activité. Je travaille un peu à distance comme beaucoup de gens, mais la vérité est que cette manière de fonctionner n'est pas la mienne. J'ai besoin de bouger et de faire. Dans cet appartement, j'ai l'impression de subir une double peine, celle du climat et de l'ennui. Quitte à choisir, cela n'a pas vraiment de sens de rester sur cette île humide, où tout est hors de prix. C'est ici que j'ai peu à peu lâché le réel. J'étais fait pour ça, fuir à tout prix le quotidien, mais je n'aurais jamais cru que ça prendrait cette sale tournure. C'est une spirale qui me bouffe le cerveau et qui commence toujours de la même manière. L'inactivité ressentie m'angoisse, me voir peu productif a des conséquences étranges : ça sape d'abord ma confiance, puis me fige d'un coup et, au lieu d'agir, d'être pragmatique, de poser des actions simples et de me sortir de ce petit trou dans lequel je me suis mis, comme un grand, je m'y enfonce en rêvant. En ce moment, j'ai vraiment l'impression d'être un passager dans ma vie, pas clandestin, juste un mec assis dans un train, pas méchant, qui regarde sans bruit le paysage défiler. Je ne sais pas trop si le film n'a pas encore commencé ou si j'ai mis sur pause, mais mon ennui est total. Je trouve fou que la dépression tombe, d'un coup, sans prévenir : je ne voyais pas ça comme ça du tout. Je pensais à un truc beaucoup plus lent, avec des étapes, des petites remontées et des grandes descentes. C'est du plomb qui s'infiltre partout, dans ce que l'on voit, ce que l'on pense et ressent, oui c'est ça, un liquide lourd, épais et gris foncé.

Quand il pleut plusieurs jours, j'ai souvent mal à ma main gauche, celle avec laquelle je cogne toujours en premier et que je me suis fracturée en frappant. C'est comme si la surface de ma peau était trop étroite pour le volume de ma main. Une sensation presque agréable. Je ressens un long picotement aigu, exactement à la hauteur de la phalange où se trouve cette petite cicatrice en forme de F. Je passe deux doigts dessus pour l'apaiser et je pense forcément à ce voyage à Bâle avec mon père.

Comme chaque année au mois de juin, nous nous rendions tous les deux dans la ville suisse à l'occasion de la foire d'art contemporain. Nous voyagions souvent ensemble pour aller voir des œuvres et des expositions. Je sais qu'il aimait ces moments qui mettaient un peu de bohème dans sa vie, il se sentait libre. Avec ma mère qui s'angoisse pour tout – mais sans laquelle il ne survivrait pas huit jours –, il doit arriver trois heures à l'avance à l'aéroport, et ça le rend fou. Avec moi, c'est le flou artistique et rien n'est vraiment grave. Au pire, nous prenons le vol suivant. Cette légèreté le détend. Quand nous voyageons ensemble, dans l'avion, nous devisons de tout, histoire, philosophie, et notre grande passion : la politique française. Comme si nous étions installés sur une terrasse un samedi matin de début de printemps. Nous allons d'un sujet d'affaires à Spinoza, en passant par Mélenchon. Aussi loin que je me rappelle, ça a toujours été ainsi ; oui, notre relation est aussi une belle et longue conversation. Durant ce vol pour Bâle, il se chauffe tout seul sur un mec : Patrick Brique, qui porte d'ailleurs bien son nom. Un vieux pote à lui avec qui il joue aux cartes tard le soir, une fois par semaine. Les parties ont lieu rue de Presbourg. Ces soirs-là, la salle à manger ressemble à la pièce cachée d'un casino de luxe clandestin des années 1920. Sur la table ronde recouverte d'un épais tapis vert trône cette massive boîte en bois avec ces larges jetons en ivoire de teintes un peu passées. Un serveur en livrée s'affaire à vider les cendriers, apporter les alcools et allumer les cigares. Au milieu des effluves de tabac, ce tableau n'a pas d'âge et si je ne connaissais pas sa passion pour le poker, qui demande une maîtrise des nerfs, des traits du visage, la connaissance des hommes et l'audace de tout mettre en jeu au bon moment, je pourrais croire justement qu'il n'organise ces soirées que pour le décor. Comme souvent avec mon père, il n'y a rien d'ostentatoire. C'est élégant : le bling-bling, c'est son antithèse. Nous étions ensemble quand il avait fait faire cette boîte de jeu, choisi le bois, la couleur, la plaque gravée… C'est fou le temps qu'il faut pour créer quelque chose d'harmonieux et simple.

Patrick Brique était un habitué des lieux et je ne sais pourquoi, ils se sont embrouillés sur une histoire de jeu et l'autre « parlait mal ». Le vol dure une heure et cette fois pas de Heidegger, d'Insoumis ou de Nietzsche, il veut juste se faire Brique. Quand on arrive à la foire, il est bouillant. Après une heure à marcher à travers les stands, j'ai l'impression qu'il se détend un peu. On croise plusieurs amis, discute avec des galeristes de quelques œuvres. C'était en 2011, les foires d'art n'étaient pas encore devenues des annexes de fashion week. Je m'arrête un peu plus longtemps devant une photo de Cindy Sherman. Comme toujours, un autoportrait qui n'en est pas un. Dans celui-ci, elle surjoue une femme de la haute société américaine, le visage massacré par la chirurgie esthétique. Quelque chose de très triste émane de cette photo. Sous la fourrure, les bijoux et le maquillage, on sent une solitude immense. Le problème est que ce n'est plus vraiment une caricature dans les années 2020, ce sont les mêmes qui déambulent dans les allées d'Art Basel. Sur Instagram, il y a des mères de potes, une en particulier, qui ont la même gueule, peut-être même encore plus flippante. Je suis plongé dans les yeux de la photographe tirés jusqu'aux oreilles lorsque j'entends la voix de mon père. Je me retourne et le vois foncer comme une furie vers Brique. L'autre ne bouge pas. Mon père se met devant lui, son front presque collé au sien, et l'insulte comme si c'était un gamin. Il lève sa main à hauteur de son visage et toujours sans bouger le reste du corps, lui met des petits coups de doigts au menton. Pas un pain, ni un coup de tête, ou même une bonne vieille gifle, ou encore un soufflet, non, une petite tape du bout d'index et majeur regroupés. Pour lui, ce geste est humiliant. Il veut dire : « De toutes les façons, tu as tort et même si ce n'était pas le cas, tu vas fermer ta gueule parce que je suis à la fois plus fort et plus fou que toi, t'as compris ? » Sauf que Brique n'a pas du tout compris, qu'il est trapu, a des épaules de bûcheron et qu'il lui a défoncé la gueule au troisième coup de doigts. Je pense qu'il a dû être très étonné des deux premiers, d'où le temps de réaction. J'ai couru jusqu'à eux, je lui ai mis deux droites toujours en courant. Le connard n'a pas bougé d'un millimètre, et je me suis pété la main.

Nous nous sommes retrouvés comme deux cons, mon père avec un œil de pigeon, moi ne pouvant plus bouger la main, en route pour l'hôpital, avec Brique qui nous envoyait des gentils messages pour savoir comment ça allait. Mais à qui d'autre ça pourrait arriver un truc pareil ? Mon père était mal aux urgences, tentant de se justifier. Pour lui, le vrai problème c'est qu'il avait mal jaugé la situation.

— Il faut vraiment être un abruti pour rester devant lui sans bouger. J'aurais dû me mettre en garde ou garder mes distances.

— Tu t'attendais à quoi en lui mettant des coups de doigts sérieusement ?

— Oui, c'est vraiment très con.

— Oui, très.

Aussi touché dans son *ego* qu'il fût, cela ne l'avait pas empêché de critiquer mes qualités de combattant.

— Et toi, avec toute la boxe que tu fais, tu ne peux pas mettre une droite sans te casser la main ?

— Tu te fous de moi ?

Je n'aimais pas le voir comme ça, mais je lui avais quand même rétorqué :

— Tu as ce que tu mérites, franchement, tu n'aurais jamais dû faire ça. En plus, le mec a été impeccable après…

— C'est vrai, d'ailleurs il faut que je le rappelle. Il est gentil, Patrick.

Il m'avait dit ça en hochant légèrement la tête. On est bien restés cinq heures à attendre, j'avais une fracture et je devais me faire opérer dans les quarante-huit heures, à la veille de l'été, et lui avait un problème sérieux à l'œil. Quelle raclée !

Nous étions venus deux jours en Suisse pour passer du bon temps avec des amis et voir des galeristes, et nous nous retrouvions comme deux cons éclopés à se faire un room service. La vérité est que, malgré la fracture et l'odeur du scandale, je garde un bon souvenir de cette histoire. Nous étions à part et je préférais ça. Tout sauf la normalité.

Dans les jours qui ont suivi, surtout quand je me suis fait opérer, il m'a envoyé des messages attentionnés et un peu maladroits. Il comparait cette aventure avec son père qui le poussait à accepter les défis des gosses du quartier. Je me rappelle ce mot arabe, « yaouleds ». Je retrouve ces messages dans un vieux téléphone.

Moi aussi j'ai connu des moments pareils avec mon père, qui m'encourageait à me battre comme un gladiateur dans l'arène avec les yaouleds. J'étais un prince, un combattant qui devait être préparé à l'assaut du monde. Les premières fois, j'avais peur, mais le savoir derrière moi me donnait de la force. Ça me fait penser à ça, mon petit gars. Prends soin de ta main.

Je reçois un message d'Annabelle.

Hello Adam, j'ai eu mon amie Julie Karsenty, je suis désolée mais le Fierdj d'Élysée couture n'est pas ton grand-père. Julie connaît très bien les descendants, ils habitent à Marseille et n'ont pas de liens avec ta famille. Si tu veux, je peux te mettre en contact,

Bonne chance dans tes recherches. C'était cool de se parler.

J'en ai assez de cet ascenseur émotionnel. Chaque fois que j'ouvre une porte, je me la prends en pleine face. Je ne sais même pas pourquoi je m'entête. Peut-être qu'après tout, l'histoire est bien ce qu'elle est, ce que j'ai toujours entendu, juste un malentendu, celui d'un homme tué à la place d'un autre. Ce qui a finalement autant d'importance, car ce n'est pas rien un malentendu. Je pense à la pièce du même nom d'Albert Camus, inspirée d'un fait réel, le même que celui de *L'Étranger*. Un mec parti de son village à dix-huit ans revient riche, des années plus tard, dans l'auberge de sa sœur et de sa mère. Pour les surprendre, ce con ne leur dit pas qui il est. Il vient seul, laissant pour la nuit sa femme et son fils dans un hôtel voisin. Mais sa mère et sa sœur qui n'ont pas une thune le butent pour prendre son pognon. Elles n'en sont pas à leur coup d'essai. Elles apprendront la vérité quand sa femme et son fils viendront le lendemain, et se suicideront dans la foulée. Peu de gens le savent, mais cette pièce a une place à part dans l'œuvre de Camus, car elle se situe entre le cycle de l'absurde et celui de la révolte. Je me rappelle m'être interrogé là-dessus.

Dans l'absurde, il y a un monde qui marche comme il peut, sans sens ni mode d'emploi. Rien ne sert à rien, et je comprends que dans un tel espace l'homme n'a pas beaucoup de choix. J'en vois juste deux: plonger dans le vide ou se révolter pour devenir humain. Le malentendu me semble différent, l'homme agit mais il merde. Il triche, ment ou pèche par un manque de communication et provoque des drames de tailles aléatoires. Ce monde-là est une succession de quiproquos tragiques. Si le voyageur avait juste dit: « Maman, je suis heureux de te voir », c'était fini, le lendemain ils buvaient de la Ricoré tous ensemble avec son gosse et sa femme. Happy end. Le tragique vient du manque de communication, le fait de ne pas mettre des mots sur les choses, et de ne pas chercher à savoir ce que l'autre a dans le crâne. La vérité est là, belle ou laide, elle a le pouvoir de sauver le monde, mais elle est découpée en petits morceaux, stockés dans la mémoire des hommes qui les gardent pour eux. Mon grand-père s'est fait tuer en marchant vers un immeuble, comme ça, lors d'une fin de journée banale. S'il avait marché en criant « Je suis Georges Fier », il ne serait pas mort ce soir-là, mais personne ne marche en criant son nom. Si le fellaga avait su, non pas qui il était mais simplement ce qu'il avait en tête, s'il l'avait regardé dans les yeux et vu de quel bois mon grand-père était fait, je ne pense pas non plus qu'il aurait appuyé sur la détente. Le tragique vient de la surdité des hommes.

J'essaie de poser les causes et les conséquences de ce drame. L'absurde n'est pas injuste puisqu'il n'y a pas de valeurs, en revanche le malentendu l'est, terriblement. Comment réagit-on et se construit-on face à l'une des plus grandes injustices qui soit, la mort de son père, pour rien ? Afin de survivre, Pierre a utilisé les armes qu'un gosse possède. Sa méthode : un pragmatisme exacerbé, un attachement au réel total. Puisque dans la vie tout pouvait s'annuler, partir en poussière, il s'est peut-être finalement dit que c'était la matière qui tenait la mort à distance. D'où la volonté de s'enrichir à la force des poignets, comme un mécanisme de défense. Ça aussi, c'était une expression à lui qu'il répétait souvent, en mimant des coups avec ses poings fermés et le visage tiré. Pour lutter contre ce déchaînement du destin, il s'est pris d'une boulimie d'accumulation. Plus il avançait et plus le couvercle qu'il avait mis sur son paradis perdu se faisait lourd, ne laissant voir qu'un petit fil d'argent, lien immuable avec la vie d'avant. Cette beauté qu'il a placée dans toutes les choses de sa vie. Cette somme de comportements a forcément eu un impact sur son entourage, en commençant par ma mère, ma sœur et moi. La psyché des lignées, c'est un peu comme les ricochets. Un grand-père se fait tuer, un père se défend comme il peut et le mécanisme de protection qu'il met en place aura lui aussi des conséquences sur la troisième génération, qui auront à leur tour d'autres conséquences.

Un paradis est-il forcément perdu ? Car on ne comprend que c'était un Eden qu'une fois englouti. Pendant un mois, mon père n'a pas su qu'il ne reverrait jamais le sien. Il voyait que quelque chose n'allait pas. Compliqué d'imaginer à quel point ces trente jours misérables ont construit sa sensibilité. Trente jours à ressentir, comprendre et aussi se satisfaire d'une certaine façon de cet entre-deux morne, car tant qu'on ne le lui annonçait pas, son père était encore en vie. Camus, lui encore, voyait l'Algérie comme l'innocence. Il disait que revenir dans ce pays, c'était comme regarder le visage d'un enfant. L'enfant que mon père était est mort là-bas, fauché par la même balle que Georges, et il n'y est jamais retourné pour contempler l'innocence. En écrivant ces lignes, je sens que ce morceau de plomb et d'arsenic a continué sa course jusqu'à nous.

XII

Depuis deux mois, je n'arrête pas de voyager pour ce deal avec les Américains. Dès que je clôture un dossier, cinq autres s'ouvrent. Quand beaucoup d'argent est en jeu, ce n'est pas simple. Il y a dix jours, mon ami et avocat sur ce dossier, Me Hugot, m'a informé que nous avions perdu la propriété intellectuelle de SOHO en Allemagne à l'issue d'une procédure engagée par une association de professionnels du meuble regroupant détaillants, grossistes et fabricants. Les mêmes sont après nos droits en Europe. L'histoire est un peu tirée par les cheveux, mais le résultat est là. Il existe un composant synthétique fabriqué en Allemagne qui s'appelle SOHO, très utilisé lors de la dernière étape de réalisation de meubles en bois. Ils ont déposé la marque pour les meubles et nous nous y sommes logiquement opposés, mais les mecs n'ont rien lâché. Ils ont monté un dossier à la con pour prouver que le nom de leur produit chimique était générique, comme « coton » ou « laque » et qu'ils n'avaient donc pas besoin d'avoir de marque pour l'exploiter. En soi, ce n'est pas vraiment très grave et je m'en fous qu'ils vendent leur dope aux quatre coins de l'Europe, mais le problème est que si eux n'ont pas l'obligation de déposer une marque parce que SOHO est devenu un mot commun, alors plus personne ne le doit, et donc moi je n'ai plus rien à vendre aux Ricains. Cette procédure ajoute une contingence dans la négociation déjà complexe.

Nous avons commencé avec Hugot à poser les termes d'un accord de coexistence avec les Allemands, mais les Ricains ne veulent pas en entendre parler. *No fxxxxxx deal with the Germans.*

Nous voilà donc partis avec Hugot en Allemagne pour obtenir une période de *cooling off*, une pause dans toutes les procédures. C'est une course contre la montre. Je me retrouve à une table de négociation avec quinze mecs qui sont en costards-cravates, mais me semblent boutonnés jusqu'au cou tellement ils sont figés et coincés. Vraiment pas ma culture. C'est dans ces moments que je me rends compte à quel point je suis un Méditerranéen. Il nous faut quarante-cinq minutes pour les détendre un peu. L'idée est de leur expliquer que nous sommes extrêmement motivés à signer un protocole d'accord avec leur association pourrie, que nous voulons vraiment pour l'avenir du meuble que leur produit chimique soit commercialisé, mais qu'on a besoin de temps pour trouver un accord qui convienne à chaque partie. Le tout, bien évidemment, sans qu'ils découvrent que l'on est en processus de vente avec une multinationale. Bref, de l'orfèvrerie.

Mon père a suivi ça de très, très loin. Il sait où je suis bon. Il a raison, j'ai fait ce que je fais le mieux, me mettre à leur place, comprendre leur problème, leur donner confiance, poser les obstacles sur la table, et essayer de trouver le meilleur compromis. J'ai l'impression que toute ma vie dépend de cette vente, j'angoisse, mais je pense que je vais y arriver. Nous avons arraché une pause dans la procédure jusqu'à la fin d'année. C'était intense et je rentre à Londres. Cela fait plus de deux semaines que je n'ai pas remis les pieds dans ce qui est encore, selon les caractéristiques sociologiques, mon foyer.

Nous avons pris un peu nos distances avec Michelle ; quand je suis à la maison, nous cohabitons respectueusement. Nous sommes donc aussi des coparents. Le « co » est très 2020, coliving, coworking, covoiturage… Le préfixe sonne moderne, ce qui fait croire à une amélioration de tes conditions de vie, alors qu'en réalité, il modernise seulement une réunion de gens seuls. Le sport en ville a aussi évolué dans ce sens. Il y a encore dix ans, tu allais dans une salle de gym, peut-être un peu glauque, mais tu faisais ce que tu avais à faire. Tu n'échangeais avec personne ; si tu avais une conversation avec une des habituées ou un mec de passage qui avait décidé d'améliorer son hygiène de vie, elle était motivée par de bonnes raisons. Aujourd'hui, tu te retrouves dans une pièce noire avec de la lumière fluo comme dans une boîte de nuit. Au centre, un mec sorti d'une série américaine hurle dans un micro « et un, et deux » en disant régulièrement que tout est « great ». Les participants sourient en retour et se tapent dans la main, et à la seconde où la sono est débranchée, tout le monde se barre.

Avec Michelle, c'est une cohabitation douce, sans artifice, mais avec des attentions, surtout venant d'elle.

Ma décision est pourtant irrévocable: je hurle de retrouver ma vie, ma liberté.

Quand je suis arrivé d'Heathrow, elle était encore éveillée. Je l'avais prévenue que j'arriverais tard et elle m'avait préparé une salade. Un truc tout simple, mais sa spécialité c'est l'assaisonnement et ajouter ce qu'il faut de câpres. Elle m'avait attendu et presque naturellement, nous nous sommes assis côte à côte sur le canapé. Je sais que depuis plusieurs semaines, elle voit un psy, et qu'elle veut vraiment redevenir la femme qu'elle était. On ne se parle pas beaucoup, mais c'est assez étrange, elle me renvoie un calme serein. Cela me perturbe de nous voir presque blottis l'un contre l'autre comme ça. Nous restons longtemps silencieux, dérangés seulement par le bruit des couverts et de notre mastication, que nous nous efforçons tous les deux, j'en suis certain, d'atténuer le plus possible. C'est elle qui parle en premier.

— Donne-moi une chance, j'en peux plus d'être comme ça, je veux m'en sortir.

— C'est dur pour moi aussi, mais ma décision est prise.

— Je m'en veux tellement, tu es tout ce que j'ai toujours voulu, je vais changer.

Elle me répète plusieurs fois de lui donner une seconde chance.

— C'est allé trop loin, on ne peut pas retourner en arrière. Chaque fois que je pense à nous deux, je pense à ces deux dernières années brûlées. Du temps qu'on n'aura plus jamais, et que tu as foutu en l'air pour rien.

— J'étais mal, on a tous le droit à des erreurs et c'est du passé. Peut-être qu'on devait passer par là…

— Non. Il n'y a rien de positif à tirer de ça.

— Ne nous laisse pas avec James, il a besoin d'un père.

— De quoi tu parles ? Il n'est pas question que je l'abandonne, il est mon fils autant que le tien.

— Il a besoin d'un père et d'une mère ensemble.

— Ce sont des conneries, ça. Le pire qu'il puisse lui arriver, c'est de vivre avec des parents qui se haïssent et si nous restons ensemble, c'est ce qui va se passer.

— Il n'y a même pas une infime chance que tu me pardonnes ?

— Non, c'est trop tard, je suis désolé.

Elle se retient de pleurer, je connais par cœur le tremblement de sa lèvre inférieure qui précède les larmes, mon fils a le même.

— *Good night.*

Elle monte se coucher.

C'est fou que tout ait pété comme ça, avec la grossesse… Il faut dire aussi que la paternité est peut-être l'un des derniers tabous. À moins de vivre dans une communauté exclusivement masculine loin de toute civilisation, nous savons ce qu'est un accouchement. Aucun homme, au moment de devenir père, n'ignore la violence de la chose. Même dans des chambres de maternité cossues avec les fleurs, les dragées, les chocolats et les sms de félicitations qui attendent en rangs serrés, nous les mâles, savons maintenant qu'un accouchement est un acte animal. Oui, une douleur bestiale : j'y ai assisté, et ça ne m'a pas vraiment laissé un bon souvenir. Pour moi, c'est l'exact envers d'un orgasme.

Je m'explique : dans l'orgasme pendant un infime moment, le déchargement de matière t'extirpe de la réalité, et tu touches du doigt un truc un peu plus grand que tout, tu es entièrement ailleurs, eh bien, accoucher, c'est exactement l'inverse. C'est la revanche du réel qui se rappelle à nous, au moment précis où tout commence. La vie dans la séquence de l'accouchement est plus vraie que jamais, et je pense que ce n'est pas pour rien si cette force du présent et du réel nous emporte comme une lame de fond justement à l'origine. Pour nous, tout commence toujours dans la douleur, le sang et les larmes, et nous l'oublions très vite.

Cela a mis beaucoup de temps, trop de temps mais nous avons finalement appris, nous les hommes, que les femmes ont leur corps déchiré, qu'elles sont perturbées par leurs hormones et que toute naissance comporte toujours aussi un combat entre la vie et la mort. Ça, nous le savons, mais dès le lendemain, tout semble oublié. En revanche, j'ignorais ce qu'était la paternité. Je ne parle pas du fait d'avoir un enfant, mais bien celui de devenir père et ce que nous ressentons. Personne ne nous en parle. N'importe quel jeune père que tu croises dans les derniers mois avant l'accouchement de ta femme te dit toujours la même connerie : « Quelle chance, tu vas voir, à la seconde où tu vas toucher ton bébé, c'est magique, un déclic. » Parfois, les plus hypocrites ajoutent même : « J'aimerais tellement être à ta place pour revivre ça. » En général, ces connards répètent « magique » et « tu vas voir » trois ou quatre fois.

Magie, mon cul. Quand, après le choc de voir un cordon ombilical violet sorti de Michelle, j'ai eu James dans mes bras, eh bien non je n'ai rien senti de spécial. Oui, bien sûr, j'étais heureux que tout se soit bien passé, d'avoir un enfant, mais ce premier contact ne m'a pas projeté dans le monde des pères. L'accouchement et les premiers mois de paternité sont pour les hommes le secret le mieux gardé. Un truc qui justement ne se transmet pas de père en fils, d'ami en ami. Non, la règle est le silence. Les femmes souffrent de leur côté, les hommes ont honte de ne rien ressentir et ferment leur gueule, et pour se déculpabiliser d'être hors-jeu, ils disent que tout est beau. Comme s'il en allait de leur survie.

Ça vient peut-être de notre race si particulière parmi les mammifères qui doit supporter cette progéniture totalement dépendante et qui se serait éteinte depuis bien longtemps si le secret de la création n'était pas bien gardé. Oui, si tous les hommes savaient, ils ne feraient plus de gosses. Ciao homo sapiens. C'est vrai, les enfants ont besoin de leurs parents pour survivre jusqu'à dix ou douze ans. Tout ça à cause de ce putain de cerveau qui prend du temps à se développer et qu'il faut nourrir pour qu'il fonctionne parfaitement pour bien nous torturer après.

J'avais vraiment l'impression de ne pas être fait pour être père. La vérité est qu'on se débrouille comme on peut et que nos actions, souvent d'ailleurs pas celles que l'on croit, marqueront au fer rouge le cortex de notre descendance directe. Pas assez aimé, ou trop – ce qui a été justement mon problème, avoir le sentiment de ne pas le mériter. Le premier jour a été un choc, les premiers mois une lente descente. Pour nous, c'est allé très vite, à peine vingt minutes. Je n'avais pas réalisé que l'accouchement aurait lieu dans la pièce où nous avions dormi. Je pensais qu'il allait y avoir un protocole, comme lorsqu'on se rend en salle d'opération. Avant même que je me sois rendu compte que Michelle se mettait au travail, j'entendis qu'on voyait la tête. Très vite, la gentille sage-femme m'a demandé si je voulais couper le cordon, j'ai cru qu'elle se foutait de ma gueule et mon regard devait trahir cette pensée car elle a presque immédiatement demandé au docteur de s'en charger et a mis notre enfant dans mes bras. Il était tout gluant, très peu fripé, et il m'a regardé avec ses yeux gris. Honnêtement, un nouveau-né, ce n'est pas très beau. Un chiot qui vient de naître, c'est beaucoup plus mignon.

Ensuite, je me souviens d'une longue journée d'automne calme et solitaire. Nous étions maintenant trois dans cette petite chambre de la maternité, mais je n'avais pas pénétré cette nouvelle normalité. C'était, selon le mythe moderne, le plus beau jour de ma vie, et pourtant je me rappelle ce jour comme un long silence interrompu par des pleurs, oui, c'est ça, du silence et des pleurs, des petits cris et du blanc. Un après-midi étrange au cours duquel je savais que jamais ma vie ne serait plus la même, je ressentais le vertige d'une responsabilité d'un autre ordre, et je m'en voulais, aussi, d'être saisi par ce profond ennui. Les messages d'amour et de félicitations arrivés en nombre, et moi qui me disais : « C'est donc ça ? »

Le sentiment de filiation chez les hommes et les femmes, j'en suis certain, ne vient pas de la même manière. Je sais, on peut aller en prison pour dire un truc pareil dans les années 2020, mais c'est ce que je pense. Toute ma vie, j'avais recherché la flamme de l'exception, le frisson de l'inconnu et de l'originalité. Je m'étais toujours juré de ne jamais parler de nounous, de talc sur le cul et de rougeole, eh bien, je m'étais retrouvé à Londres dans la *champions league* des couches et ma femme était la meilleure buteuse. Elle m'impressionnait : même enfoncée dans sa dépression, quand elle parlait de pisse de bébé, ses yeux s'illuminaient et elle arrivait à entraîner toute une tablée de jeunes mères. Il faut dire aussi qu'avec toutes ces pauvres petites femmes riches inactives, Londres est un lieu bien à part dans la compétition de la meilleure chauffeuse de lait.

En regagnant ma chambre, j'aperçois sur mon bureau le courrier des deux dernières semaines. Parmi ces lettres, je distingue le tampon du ministère des Armées français.

XIII

Le courrier émane de « la Direction de la mémoire, de la culture et des archives ». « Mémoire » placé avant « archives »... Il faut toujours faire attention aux mots employés et à leur ordre, ça en dit beaucoup justement sur la politique des archives. Ou, en tout cas, sur la manière dont nous devrions la percevoir. Le mot « mémoire » revêt une dimension personnelle. Il a quelque chose de très humain, tandis qu'« archives » sent la bureaucratie. Ces sept lettres parlent à tout le monde. Le « devoir de mémoire » est une expression qui a pénétré le langage commun avec sa charge positive. Quand on l'entend on se dit que c'est très important. Il faut faire attention aux mots et à leurs symboles, ils disent tant de choses, nous vivons dans un empire de signes.

Monsieur,

Vous avez souhaité consulter des archives du ministère des Armées dans la cadre d'une recherche personnelle sur les circonstances du décès de votre grand-père survenu le 14 janvier 1957.

Ce dossier, conservé par la division Guerre et armée de terre du département des fonds d'archives du service historique de la défense (Château de Vincennes – avenue de Paris – 94306 Vincennes cedex) et coté GD 2010 ZM 4 6023, contient des informations présentant un caractère personnel et confidentiel interdisant sa libre communication (dispositions de l'article L.213-2 du Code du patrimoine).
En conséquence, vous avez été invité à présenter une demande de consultation de ces documents, par dérogation, ainsi que le prévoit l'article L. 213-3 du Code précité.
Votre demande est refusée pour ce dossier qui ne contient aucun document relatif à votre recherche et dont la communication porterait une atteinte excessive aux intérêts protégés par la loi.
Concernant les informations dont la communication est refusée, il vous est possible de saisir pour avis, dans un délai de deux mois, la Commission d'accès aux documents administratifs (TSA 50730 - 75334 Paris cedex 07), en application des dispositions de l'article R. 311-15 du Code des relations entre le public et l'administration.

Je lis le courrier plusieurs fois. Je le trouve contradictoire. Il y a des informations présentant un caractère personnel et confidentiel, mais rien au sujet de Georges. Très bien, mais dans ce cas pourquoi m'avoir fait remplir ce dossier pour une demande de consultation par dérogation ? Je ne vois pas l'intérêt. Ces militaires qui gèrent notre mémoire auraient pu me le dire tout de suite. Il y a quelque chose d'étrange dans cette réponse, comme s'ils s'étaient rendu compte après coup qu'ils ne pouvaient pas me communiquer l'information. La formulation de cette lettre laisse vraiment croire qu'il y a des faits nous concernant que le ministère des Armées refuse de nous communiquer. Beaucoup de mots et d'articles pour pas grand-chose, mais on y sent le pays bien géré, l'État puissant, une machine huilée, avec ses rangées de dossiers et ses cotes.

C'est fou le pouvoir des mots et des chiffres. Les nombres rassurent toujours. Pas d'interprétation possible. Les mots, eux, ont toujours une portée symbolique. Je ne suis pas vraiment déçu. En leur écrivant, je savais bien que je jetais une bouteille à la mer. Mais je ne vais pas m'arrêter au milieu du gué. Je décide donc d'insister et de relancer directement le contact de Bruno.

Le mec est très ouvert, il montre même de l'empathie. J'insiste pour me déplacer, j'ai envie d'agir, de bouger. Il y a forcément une trace quelque part : ce n'est pas possible, on ne peut pas se faire buter comme ça sur le territoire français sans qu'il y ait un seul PV. Je ne le lui dis pas vraiment ainsi, bien évidemment, mais je crois qu'il me comprend. Il me semble que le vrai contact avec des vraies personnes est plus efficace. Je suis le genre de type à préférer passer au restaurant dans lequel je veux dîner pour réserver plutôt qu'appeler. J'attends au comptoir les plats que je prends à emporter plutôt que de les commander sur Deliveroo. Je sais, c'est une perte de temps, mais dans mon for intérieur, il y a cette croyance que les minuscules actions qui permettent d'aboutir à la finalité sont aussi les choses de la vie. Dans ma quête pour découvrir la vérité sur l'assassinat de Georges, je préfère me voir dans la vieille salle de recherche mal chauffée d'un organisme étatique sans budget plutôt que de rester chez moi au téléphone. Le mec du ministère des Armées ne voit pas les choses de la même manière et insiste pour que je ne bouge pas. Je ne sais pas s'il veut faire preuve de diligence par sympathie pour Bruno, s'il est touché par mon histoire ou s'il n'a juste pas envie de voir ma gueule à Vincennes, en tout cas il me dit qu'il reviendra vite vers moi.

Pendant cette conversation de cinq minutes, j'ai reçu cinq appels et trois messages de mon père. *Rappel urgent.* Cela fait plusieurs jours que je ne l'ai pas eu, ce qui est assez rare même quand on est en froid. On l'est en ce moment, mais je ne sais plus trop pourquoi. J'ai envie de lui parler de mes recherches. Il est le principal concerné et l'Algérie est pour lui un paradis perdu qu'il n'a cessé de vouloir reconstruire. Je rappelle :

— Allô ?

— Ça va ?

— Non, je suis très angoissé en ce moment, ça ne va vraiment pas du tout, et on ne peut pas dire que ton comportement me rassure. Tu as reçu les statuts de la SCI Lille ?

— Je ne pense pas…

— C'est oui ou c'est non ? Ça ne veut rien dire, « je ne pense pas » !

Il a répété mes mots avec un accent volontairement aigu pour m'imiter comme si j'étais un gamin qui chouinait.

— L'assistante de Berthier te les a envoyés.

— Attends, je regarde… Ah oui, je les ai reçus il y a quarante-cinq minutes.

— C'est urgentissime, putain, il faut que tu les signes et que tu les envoies à la banque pour l'ouverture de compte.

— Je sais bien ce qu'il y a à faire, c'est prévu.

— C'est prévu, c'est en cours… Tu n'as que ces mots à la bouche, tu ouvres les dossiers et tu ne les refermes pas. Tu crois que c'est ça, les affaires ?

— Moins d'une heure pour lire un mail, je pense que c'est raisonnable.

— Si je ne t'avais pas appelé, ça aurait traîné des jours. Tu n'en as rien à foutre de ces actions administratives indispensables à la vie d'une boîte. C'est bien beau de voyager pour vendre le patrimoine que j'ai construit à la force de mes poignets, mais qui s'occupe de la gestion courante pendant ce temps ? Hein, qui ? Toujours la même chose. J'en ai marre d'être la voiture-balai !

Je suis agréablement surpris, je pensais qu'il l'aurait sortie plus tôt, sa voiture-balai. Ça ne sert à rien de répondre, il sait très bien que j'allais bien évidemment veiller à accélérer les formalités administratives d'ouverture de compte en banque pour cette nouvelle société civile immobilière. Ce n'est pas la raison de son appel. Entre ma relation avec Michelle, la vente, et mes recherches sur la mort de Georges, il me sent plus détaché de lui, et d'ailleurs je le suis. Il ne le supporte pas, alors il actionne son principal mécanisme de contrôle. Les affaires sont ce qui nous lie. Par elles, il remet les choses au clair au cas où j'aurais oublié : c'est lui le patron. C'est aussi sa manière de maintenir le lien.

— Tu t'en occupes tout de suite, on est bien d'accord ? Rien d'autre ?

Ce n'est vraiment pas le bon moment et pourtant je ne peux m'en empêcher :

— Tu sais, en ce moment, je fais des recherches sur la mort de ton père.

— Mon père ? Quelles recherches ?

— Sur son assassinat, les circonstances…

— Tu n'as que ça à faire ? Enfin, Adam, tu sais bien ce qui s'est passé : mon père a été tué par quelqu'un qui l'a pris pour un autre. Il n'y a rien d'autre à savoir, c'est très triste, mais c'est la vie. Ciao.

Parmi tous ses paradoxes, il y en a un qui me fascine particulièrement chez mon père. C'est un perfectionniste obsessionnel, il s'angoisse à se créer des ulcères pour des broutilles, mais face aux vrais drames, surtout ceux qui le touchent personnellement, il répond inlassablement par une distance radicale qu'il fait semblant de teinter de philosophie en l'exprimant par cette phrase que j'ai finir par haïr : « C'est la vie. » Non, se faire tuer comme un lapin en allant chez son expert-comptable, ce n'est pas la vie. Non, devoir attendre un mois que l'on t'annonce la mort de ton père, ce n'est pas la vie. Non, devoir t'exiler, devenir orphelin de ton pays adoré, ce n'est pas la vie. Non, ma grand-mère qui ne me rejoint pas l'été de mes dix ans car elle s'est fait écraser par une moto, ce n'est pas ça, non plus, la vie.

Le contact de Bruno aux armées n'a pas traîné. Dans l'après-midi, je reçois un suivi, toujours aussi formel :

> *Bonjour M. FIER,*
>
> *J'ai fait le point avec nos collègues en charge de la gestion des recherches.*
> *La demande initiale n'avait abouti à rien comme le précise le courrier en pièce jointe.*
> *Après échanges avec mes collègues, il se peut que finalement le dossier soit conservé aux Archives nationales d'outre-mer, à Aix-en-Provence, s'agissant sans doute de documents de la police et de la justice.*
> *À voir donc pour les contacter, leur site internet : http://www.archivesnationales.culture.gouv.fr/anom/fr/*
> *Il faudrait leur poser la question.*

Très bien, encore un coup d'épée dans l'eau. Je vais suivre ses conseils, je ne suis plus à ça près. J'avais déjà écrit à l'ANOM et je décide de les appeler. Je ressors la boîte blanche pour avoir toutes les informations à portée de main : dates, lieux, numéros d'actes…

XIV

Je ne m'attendais pas non plus à une réponse. Au fond de moi, j'espérais qu'être concentré sur cette histoire de famille allait créer une vague de synchronicité, et que la vérité surgirait comme ça, un beau jour, qu'un type me contacterait quand je m'y attendrais le moins. Je sais, un optimisme bien irrationnel.

L'ANOM n'a pas traîné. Moins d'une semaine après ma requête, je reçois un mail de leur part. Il y a bien un dossier lié à mon grand-père que je peux consulter sur place. L'agent administratif m'a communiqué par mail la référence et il m'invite à me préinscrire sur le site pour réserver le dossier et préparer ma visite. Il faut remplir une fiche de renseignements. Je prends un Londres-Marseille le soir même.

J'aime toujours me rendre dans le Sud, peut-être même davantage en automne.

Bien avant de s'enfoncer dans le chemin du Moulin-de-Testas, on aperçoit ce bloc massif orange avec ces ouvertures en forme de soupirail. L'apparence de ce bâtiment ne m'étonne pas vraiment. J'avais déjà vu des photos de ce lieu qui abritait les Archives nationales d'outre-mer. À mi-chemin entre un bunker et un édifice du Bauhaus. L'organisme dépend du ministère de la Culture. À l'époque, ce projet a dû susciter une véritable réflexion artistique. J'imagine l'idée sous-jacente du cahier des charges lors de l'appel d'offres auprès des architectes : exprimer quelque chose de fort mais sobre qui dirait « la mémoire est importante, elle est ici bien gardée, mais nous ne fanfaronnons pas sur l'histoire coloniale ».

C'est assez silencieux, et il y a peu de monde. J'arrête la première personne que je croise avec un badge. Les effectifs semblent réduits au strict minimum et mon interlocuteur m'a l'air d'être multifonction : hôte d'accueil, guide de recherche, historien… Petite trentaine, large sourire, regard franc, une version jeune de Patrick Sabatier. Il doit être nouveau dans sa fonction, car il semble très excité et heureux d'être là. Il me conduit rapidement dans la salle de consultation. Nous ne restons pas longtemps ensemble, mais j'ai tout de même le temps d'apprendre qu'il y a eu deux extensions, que le bâtiment compte à présent 43 kilomètres de tablettes. J'imagine le marathon de Paris recouvert de boîtes d'archives, du départ sur les Champs-Élysées jusqu'à Vincennes, et de Vincennes à l'avenue Foch. Le bois de Boulogne, rempli d'archives.

— Oui, ça fait beaucoup en effet…

— Il y a près de 7 000 entrées annuelles, soit 20 visiteurs par jour qu'on appelle « lecteurs ».

Ça me va très bien ce statut de lecteur. Lire, c'est peut-être finalement ce que je fais de mieux.

Je n'ai pas voulu le vexer, mais cinq étages de documents, ces grandes salles avec toutes ces larges tables, leurs chaises design et leurs étagères, c'est quand même un peu beaucoup pour seulement trente visiteurs par jour. Nous sommes deux « lecteurs » dans cette grande pièce dédiée à la consultation des documents.

En attendant, seul, je regarde longtemps les lampes individuelles, espèces de serpents noirs avec une coque. Je suis impressionné de leur commodité. Oui, commode, c'est le bon mot, malléable dans leur positon et leur intensité, elles sont parfaites pour lire des pages écrites en tout petit. Si elles n'étaient pas aussi laides, j'aurais demandé la marque à mon guide. Je fais une recherche Google en tapant « lampes salle de lecture ANOM » et je tombe sur un modèle très semblable qui peut m'être livré en vingt-quatre heures. Patrick Sabatier dépose un épais dossier sur ma table et, après m'avoir expliqué les différentes consignes, pour la plupart évidentes, comme de ne rien voler et de ne rien déchirer, il m'apprend que je peux prendre des photos sans flash à condition de demander, qu'il est possible de reproduire des documents et aussi qu'il est là pour m'aider dans mes recherches. Il repart avec le sourire de celui qui a accompli sa tâche.

L'autre lecteur est parti entre-temps. Je suis maintenant seul avec cette pochette marron que j'ai tant voulu avoir entre les mains.

Comme tous les documents d'archives, elle porte un numéro, un nom de lieu, Alger, et une date, 1957. Je l'ouvre : c'est un peu le bordel. Des documents tapés à la machine non classés chronologiquement. Je pense aux types, sûrement des auxiliaires de l'armée, qui en urgence, là-bas, en 1962, ont mis les dossiers dans des caisses dont je tente de lister les étapes du trajet jusqu'à la France. La probabilité que l'une d'entre elles se soit perdue. Un militaire pas vraiment attentif, un chauffeur qui s'arrête pour boire un coup. Le concours de circonstances qui a permis à ces papiers d'arriver ici, depuis Alger en passant de longues années à Vincennes, relève du miracle. Depuis le début, je me dis que la vérité viendra des flics. Je ne crois pas en un procès, même à huis clos et secret défense, au cours duquel le criminel aurait expliqué ses motivations et présenté ses excuses en larmes à ma grand-mère et ses deux enfants qui ne l'auraient jamais su. Mais je suis certain que s'il existe une trace de ce crime, elle se trouve dans un commissariat.

Une enquête a bien eu lieu, avec des convocations. Très vite, je comprends qu'à part les PV, il n'y a en fait pas beaucoup de choses intéressantes. L'épaisseur de la pochette est due principalement à des actes de procédures entre services, des documents demandés. Je vois le plan cadastral de la rue Valentin-Huy, un état des créanciers de mon grand-père sur lequel est inscrit « néant », un extrait de son casier judiciaire, vierge également. J'isole les PV d'auditions et je les remets dans l'ordre chronologique pour comprendre le travail des enquêteurs. Peu de gens ont déposé. Ma grand-mère fut la première à être convoquée. Ça me fait bizarre de lire les paroles de cette femme de trente-sept ans. Elle est plus jeune que je le suis et pourtant je la vois entrer dans ce commissariat avec son visage de soixante-dix ans. Celui que j'ai vu pour la dernière fois, il y a un peu plus de trente ans, juste avant qu'elle ne ferme la porte en métal blanc de la maison que nous avions à Neuilly. Elle venait de procéder à cette tradition séfarade du verre d'eau. Je n'ai jamais su d'où venait cette coutume, en tout cas dans ma famille, depuis toujours, quand les gens partent, on leur jette un verre d'eau pour qu'ils reviennent. Elle est restée seule dans cette grande maison de briques blanches et à elle personne n'a jeté de verre d'eau.

C'était le lendemain de l'anniversaire de mes dix ans que nous avions célébré en tout petit comité. Je ne sais pas si j'ai créé de toutes pièces ce souvenir, mais quand je revois cette scène, un fort halo de lumière blanche l'entoure. Je visualise même cette clarté blanche qui transperce le verre opaque des carreaux de la porte une fois qu'elle l'a refermée. Je me vois aussi à l'arrière de cette R25 regarder le plus longtemps possible cette lumière tandis que la voiture s'éloigne.

Après, j'ai passé quelques jours étranges à Saint-Tropez. Pour la première fois depuis très longtemps, frères et sœurs étaient réunis. Ma grand-mère devait enfin jouir du plaisir d'avoir son fils et sa fille sous le même toit. Nous étions donc plusieurs chez nous, une douzaine je pense, du même sang. Je me rappelle ce jour où j'ai senti le changement. Ce mélange d'électricité et de lourdeur que seules charrient les tragédies de notre chair. La plasticité de l'air n'était plus la même, il y avait beaucoup de silence, de chuchotements, de cris et de pleurs. On m'a dit assez vite que Mamo avait eu un accident et qu'elle était endormie.

Au troisième jour, mon père m'a emmené faire un tour en mer. Je me souviens très bien de cette journée, de ce Riva que j'adorais et de cette balade si particulière qui a cristallisé tous les moments que nous avons passés tous les deux sur cette partie de la Méditerranée. Je me rappelle les vêtements que je portais, les lunettes de soleil que j'étais retourné chercher en courant avant de monter dans la voiture. En revanche, je n'ai aucun souvenir de l'extérieur. C'est comme si ce bateau était devenu dans mon esprit un huis clos. Mon père a ralenti les moteurs dans la baie des Canoubiers ; pendant qu'il était à la manœuvre, j'ai jeté l'ancre et quand il a coupé les moteurs je me revois à côté de lui. Je pense qu'il me l'a alors tout de suite annoncé, debout devant le volant.

— Mamo ne s'est pas réveillée.

Il m'a ensuite dit que j'avais le droit de pleurer et m'a ouvert ses bras. J'avais la tête sur son épaule, lui la main sur mon crâne, et mes larmes ne sont pas venues à cet instant. Mon père a beaucoup pleuré pendant ces jours. Avec sa mère, ils avaient traversé beaucoup d'épreuves. Grâce à elle, et sûrement pour elle, il avait, à la force de ses poignets, déjoué la fatalité. J'ai entendu qu'en Algérie, les orphelins étaient souvent mis de côté, pas officiellement bien sûr, mais on voulait éviter de voir le malheur en face, surtout dans les yeux d'un enfant. Dans nos familles, on ne parle d'ailleurs pas de malheur mais de noir, de mauvais sort ou d'œil. En quelques années, grâce à la confiance que cette femme lui avait donnée, à sa volonté et son travail, il avait conjuré le sort et les avait, elle et lui, replacés au centre.

Je ne sais pas ce qu'il a avait en tête en organisant cette petite virée en mer. Je pense que c'est lié à son attachement aux formes. L'annonce de la mort de sa mère à son fils, ce n'est pas n'importe quel jour. Il fallait le marquer d'un protocole dynastique, prendre le temps, changer de lieu, je le comprends. Quand nous sommes retournés à la maison, une de mes cousines m'a sauté dans les bras en pleurant. J'ai entendu mon père dire à ma mère qu'il ne voulait pas que je sois confronté à ça, il voulait parler de « ces sensibleries ». Il y avait un temps pour le malheur, un temps pour les larmes, c'était la vie. Mais nous, les Fier, avec notre force, nous étions faits pour avancer et laisser les injustices derrière nous.

Lorsque ma grand-mère s'est rendue dans ce commissariat, je l'imagine vêtue de noir, fière devant ces hommes, ne voulant montrer ni sa tristesse ni sa colère. Dans ses réponses, elle a la mesure et la constance que je lui ai toujours connues. Elle répond poliment et ne semble même pas irritée quand l'agent lui demande pour la troisième fois si son mari n'avait pas d'ennemis connus.

— Non, monsieur, mon mari était quelqu'un d'aimé et de respecté.

— Nous avons appris qu'il était craint dans votre communauté et qu'il avait déjà fait l'usage de la force.

De quelle communauté ce connard parlait-il ? Des Européens d'Algérie ? Des Juifs ?

— Je n'en ai pas connaissance… Peut-être quand il a servi notre pays pendant la Seconde Guerre mondiale, c'est possible que les circonstances lui aient imposé l'usage de la force.

— Saviez-vous s'il faisait partie d'une organisation proche des mouvements nationalistes de l'Algérie française ?

— Non, mon mari était profondément pacifiste, il aimait son pays et il a toujours été aussi proche des Européens que des Arabes.

Je sens de la colère en moi, l'envie de tabasser cet abruti qui traite une veuve comme une criminelle. En voyant comment elle réagit à ces provocations, questions ambiguës, je me rends compte d'une chose que je ressentais à l'époque mais sur laquelle je n'avais jamais mis de mots. Ma grand-mère s'imposait sans la moindre manifestation d'autorité, elle n'en avait pas besoin. J'avais oublié toutes ces raisons qui créent les conditions d'un amour inconditionnel. Durant cet échange, elle était calme, et c'est celui qui portait l'uniforme et avait la force de son côté, dont la confiance fut ébranlée. Petit morveux devant cette femme qui a tout perdu.

L'enquêteur n'a pas poursuivi trop longtemps ses questions à la con. Il est revenu très vite à des choses plus générales sur les habitudes de Georges, son emploi du temps. N'avait-elle rien perçu d'étrange les jours précédents, se sentait-elle suivie ?

Elle est revenue trois semaines plus tard, cette fois ce n'était plus un policier mais un lieutenant de l'armée. Le ton était différent, cet homme avait de l'empathie. Il lui avait demandé si elle se sentait en sécurité, avait insisté pour qu'elle prenne le temps de répondre.

— Je ne peux imaginer à quel point vous vivez cette période dans votre chair. Elle est d'une extrême violence.

Je vous assure que nous allons tout mettre en œuvre pour retrouver les meurtriers de votre époux.

— Avez-vous une idée de qui a fait ça ?

— Nous ne mettons rien de côté, madame Fier.

— Vous devez bien avoir une piste.

— Bien, nous avons toutes les raisons de penser que cet assassinat a été orchestré par le Front de libération nationale.

— Mais c'est insensé, ma sœur est mariée avec un communiste arabe et notre famille est aussi proche des milieux indépendantistes.

Il fallait avoir une sacrée trempe pour dire à un officier de l'armée française envoyé de la métropole pour combattre les indépendantistes qu'elle et sa famille les avaient à la bonne. Le lieutenant Franklin, c'est comme cela qu'il s'appelait, ne s'est pas formalisé, mais j'imagine quand même qu'il y a eu une longue pause avant la question suivante.

— Il n'avait aucun lien avec les ultras ?

— Ultras ?

— Les ultras de l'Algérie française.

— Impossible, j'ai déjà répondu à cela.

À ce stade, tout le monde avait la conviction que c'était bien signé FLN. Peut-être que Georges s'était lié à l'embryon de l'OAS, ça n'aurait pas été le premier homme à cacher sa part d'ombre à sa femme. Si les militaires avaient pris ce dossier en main et insistaient sur ce lien, il devait bien y avoir une raison. J'espérais si fort que ça ne serait pas le cas. Dans mon imaginaire, j'avais tracé une ligne droite entre collaboration et OAS

– un trait bien net liant tous les sales mecs aigris, bourrés de ressentiment, qui n'aimaient jamais autant la force que quand ils pouvaient l'exercer en groupe contre les plus faibles.

L'officier avait conclu l'entretien en la réassurant une nouvelle fois sur l'issue de l'affaire.

— Nous trouverons le meurtrier de votre mari, soyez-en convaincue.

Je passe assez rapidement sur les autres PV. Il y a Mohamed, l'homme de confiance de mon grand-père, qui dut se faire assister d'un traducteur car il ne parlait pas un mot de français. J'ai entendu parler de cet homme au turban qui suivait Georges comme son ombre. Son audition n'apportait pas de faits nouveaux à l'enquête, si ce n'est la proximité de mon grand-père avec les Arabes. Je lis en diagonale la déclaration d'un témoin oculaire, occupant d'un appartement donnant sur la rue. Je m'arrête davantage sur les témoignages d'amis proches dont les noms me sont familiers. Tous n'ont été auditionnés qu'une seul fois, sauf un homme : un certain Journet, sans profession.

Franklin l'a entendu trois fois.

— Connaissiez-vous Georges Fier ?

— Non.

Franklin lui montra une photo.

— J'ai déjà croisé cet homme chez mon père, je crois que c'est un client à lui.

— Que fait votre père ?

— Il est expert-comptable.

— Et son nom ne vous dit rien ?

— Non.

— Il s'est fait assassiner.

— Je ne le connaissais pas personnellement, je vous l'ai déjà dit.

— Votre père ne vous a pas informé qu'un de ses clients a été tué au pied de son immeuble ?

— Si, mais je n'ai pas fait le rapprochement.

— Ça ne vous émeut pas plus que ça.

— Il y a des Français et des Européens qui se font tuer tous les jours, même si je le voulais, je ne pourrais les compter.

— Êtes-vous militant politique ?

— Non.

— Pourtant vous semblez attaché à votre pays et ses habitants ?

— Mon pays est le vôtre, monsieur.

— C'est vrai, mais je comprends qu'il doit changer.

— Moi, non, voyez-vous, cette terre n'était rien avant la France. Mon arrière-grand-père a répondu à l'appel de sa nation. Il est venu ici et avec quelques autres ils ont bâti ce pays, construit des routes, des postes, des écoles. Ils ont créé ce paradis sur terre, alors pourquoi voudriez-vous que nous cédions ce que nous avons bâti avec tant d'efforts et de souffrance ?

Après ça, la transcription semble avoir été interrompue car la discussion a changé du tout au tout. En plus des trois interrogatoires, Journet a reçu une convocation avec relance à laquelle il ne s'est jamais rendu. Il n'y a pas de conclusion d'enquête, rien d'autre, comme si elle était toujours en cours. Aucun élément, non plus, qui valide cette version familiale et officielle d'un malentendu.

Patrick Sabatier vient m'informer que le bâtiment va bientôt fermer. Je prends les PV de Mamo et de Journet en photo et je quitte les lieux. Je vais passer quelques jours à Paris avant de retourner à Londres. Dans le train au départ d'Aix-en-Provence, j'ai senti le besoin irrépressible d'écrire à ma grand-mère. Et j'ai réalisé que penser à l'annonce de sa mort était la seule chose qui me faisait pleurer. Oui, de grosses larmes qui coulaient immédiatement. Je ne pouvais pas dire un mot sur elle sans me mettre à chialer: c'était gênant, donc je n'en parlais jamais. Je venais de comprendre seulement aujourd'hui que le jour où il était logique que je pleure, rien n'était venu. En réalité, je n'avais jamais fait mon deuil.

> *Cela fera trente-deux ans que tu n'es plus et je réalise seulement maintenant que je ne t'ai jamais dit au revoir. Alors commençons par ça. J'ai eu tant de chance que nos âmes dans ce monde-ci soient liées. Il n'y a pas un jour où je ne pense pas à toi et ce n'est que rendre justice à ce que tu m'as donné. Du temps, et du bon temps, un amour inconditionnel, le sentiment d'être unique, une présence qui était tout pour moi. La vie est ainsi faite que chaque état est tout à la fois un moment présent, une conséquence d'événements passés et, peut-être le plus important, la cause des équilibres ou déséquilibres futurs. Les adultes devraient prévenir les enfants que rien ne dure jamais et*

que nous devons nous adapter. La plus grande fêlure n'est pas tant de t'avoir perdue que de ne pas avoir réalisé que ce n'était pas normal de te perdre. Rien n'était acceptable, ni la violence de la moto qui t'a massacrée, ni le fait que je t'ai quittée au lendemain de mes dix ans et que personne ne m'a dit que je ne te reverrais jamais.

Je savais déjà de ton vivant que notre amour à tous les deux était peu commun et pourtant quand j'ai appris ta mort je ne me suis pas donné le droit de hurler cette injustice. Tu étais ma grand-mère et pour moi les grands-mères meurent comme les grands-pères et ce n'est pas si grave car l'important ce sont les parents.

Le problème, Mamo, est que tu étais peut-être un OFNI, objet familial non identifié. Une présence plus forte qu'une grand-mère, aussi importante qu'une mère, mais tu n'as pris la place de personne et, après le 16 juillet 1990, jamais aucun être n'a comblé le vide immense que tu as laissé. La fin de ce monde aurait donc dû être l'un des pires arrachements de mon existence, mais ce ne fut pas le cas.

Laisse-moi te dire ce qui s'est passé ensuite.

J'ai accepté le nouvel équilibre de cette vie sans toi ou du moins je le pensais. Je voyais mon père triste, j'avançais dans l'adolescence avec ta force en moins, mais de mon point de vue les choses n'étaient pas si mal.

C'est à ce moment, je pense, que j'ai créé une distance entre le monde et moi, et maintenant je

sais que j'étais en colère. Je me sentais n'appartenir à rien, mais cela ne me semblait pas grave car le principal pour moi était en place : j'aimais mes parents et ils me le rendaient. J'avais une telle chance ! J'ai développé une obsession pour la mort, l'au-delà. Je me posais des questions avant ; le questionnement est devenu central dans ma vie après. Tout pour la connaissance. J'ai fonctionné par phases, des périodes de sérénité et de succès suivies de moments de doute et de tristesse, laissant à nouveau leur tour à la tranquillité et la satisfaction. Mais n'est-ce pas cela vivre ?
Ce que je peux te dire en tout cas, c'est que je t'ai toujours sentie à côté de moi et, chaque fois que le désespoir me semblait insupportable, c'est toi que j'appelais.
Je sais que tu es là, que cette famille aurait gagné à te garder plus longtemps, mais c'est ainsi et j'ai confiance en l'avenir.

Ton petit-fils qui t'aime

XV

Je dors dans un petit hôtel rue de Paradis, le même que je fréquentais à l'époque où SOHO avait un bureau à côté de la place Franz-Liszt. C'était pratique, à quelques mètres de l'arrivée de l'Eurostar. J'y ai gardé mes habitudes.

Je vois une fille depuis quelques semaines quand je suis de passage à Paris. Un peu compliqué, donc, de rester chez Julia, avec son mari, son teckel et ses deux gamines. Mon train est arrivé assez tard à la gare de Lyon, et j'ai décidé de marcher. J'ai réussi à éviter de me faire écraser par quatre trottinettes. Belle performance ! Depuis que je me suis lancé dans ces recherches, je ne pense plus qu'à ça. Toutes les informations que j'ai glanées défilent sans cesse, en images et par vagues. Le flot paraît d'abord chaotique, FLN, OAS, Géo Gras... mais très vite, sans réel effort, les choses se mettent en place.

La marche me fait du bien, elle stimule et apaise mon esprit. C'est assez étrange, après quelques minutes, ma tête se détache de mon corps. Ils semblent avancer l'un devant l'autre, sans que mon cerveau leur ait transmis aucun signal. Le corps aussi a une mémoire, et quand il reprend son indépendance, les pensées sont plus libres que jamais. Toujours de manière visuelle, elles créent des associations auxquelles, je suis certain, je n'aurais pas pensé pleinement conscient.

Boulevard Magenta, les mots de ma grand-mère se mettent en images. J'ai l'impression qu'ils m'englobent. Ce ne sont plus des suites de lettres, mais des mondes. Je vis cette audition comme si j'en avais été le témoin, assis dans un coin de la pièce. Je ne cesse de penser à ces PV. Je vois aussi le visage de Journet, qui incarne la condescendance et une violence sèche. Un front large, des joues creuses, des cheveux courts très noirs avec une raie impeccable sur le côté. Il faut que je retrouve ce mec. Né le 6 juin 1933, il peut être encore en vie. Presque quatre-vingt-dix ans, peu de chances de le trouver sur Instagram, mais on ne sait jamais. Putain, il y a beaucoup de Journet en France, pire que les Martin. En affinant un tout petit peu mes recherches, « Robert Journet Algérie française », « Robert Journet OAS », je ne tarde pas à retrouver sa trace. Ce mec a participé à la formation de l'organisation de l'Armée secrète. Il faisait partie de ces durs à cuire ultra « motivés » qui n'ont pas hésité à torturer et à défoncer au bazooka en pleine ville leurs ennemis, qu'ils soient nationalistes arabes ou soldats de l'armée officielle. Apparemment, le logo de l'organisation, ce serait lui. Le A de OAS écrit en noir sur le blanc de notre drapeau lui-même dominé par les mots Algérie française en bleu et rouge sur un fond blanc. Cet emblème, en forme de blason, qui apparaîtra sur les murs d'Alger à partir de mars 1961, accompagné du slogan « l'Algérie est française et le restera ». C'est sûr que ça ne laissait pas beaucoup de place à la négociation. J'apprends qu'il dessinait et voulait un temps embrasser une carrière d'artiste, mais son patriotisme l'aurait rattrapé. C'était un peu le directeur artistique de l'OAS. Quand je pense à l'OAS, c'est du rouge que je vois : trois lettres de sang et de soufre. Un regroupement de types racistes extrémistes qui ne voulaient pas lâcher leurs avantages et ne pouvaient supporter que les Arabes leur succèdent à la tête de ce pays. La vérité est là, connue de tous. L'OAS a perdu la guerre impossible qu'elle a menée à coups d'actes inexcusables et inutiles. Le couperet de l'histoire et de la justice est clairement tombé. L'Armée secrète a rejoint Vichy dans ces territoires du langage qui recèlent une charge émotionnelle exclusivement négative et quand ces trois lettres sont prononcées, c'est le mot déshonneur qu'on entend.

En tout cas, Journet avait l'air d'en être une figure importante malgré son jeune âge. Je le retrouve sur un site d'extrême droite qui décrit avec emphase les actions de l'Armée secrète. Son nom est lié à plusieurs opérations à la fois clandestines et officielles. Dès 1955, il apparaît dans les rangs du 18e régiment des chasseurs parachutistes. Il y a comme ça plusieurs faits d'armes, la plupart dans le Constantinois durant l'hiver 1959-1960. On le retrouve encore dans un putsch manqué le 21 avril 1961. Après ça, plus rien. L'OAS a été active à partir de 1962, mais il y avait une proto-organisation qui agissait bien avant et Journet faisait partie du petit nombre qui l'avait initiée. Peu de chances qu'il ait joué un rôle d'encadrement, il était si jeune, mais il y a tenu, c'est certain, une vraie place.

Pas de compte Facebook, ni Instagram, encore moins un LinkedIn. Dommage, j'aurais bien aimé parcourir le profil professionnel d'un ancien de l'OAS. Sur un registre de commerce, je vois qu'il est propriétaire d'une société civile immobilière domiciliée rue Lafayette. C'est peut-être un appartement qu'il occupe. Il n'y a ni mail, ni numéro de téléphone. Je passerai demain : avec un peu de chance, cet immeuble fait encore partie de ceux qui ont une concierge. Entre les actions commandos dans le maquis algérien et cette petite structure immobilière de bon père de famille, rien, le néant total. Le type a disparu des radars début 1961.

Ma chambre est au premier étage de l'hôtel. Il y a un peu de bruit, un mélange de voitures et de discussions, parfois un rire, ce n'est pas désagréable, je m'endors ainsi, bercé par la rumeur de la rue de Paradis.

Le lendemain matin, je dépose une lettre dans l'immeuble de la rue Lafayette. Une gardienne me confirme qu'un Robert Journet habite bien là, mais qu'il est très fatigué. Elle me promet de lui remettre en main propre. Le soir, je dois retrouver Louise, la fille que je fréquente.

Elle est avec un groupe de potes également étudiants à Science Po et insiste pour que je les rejoigne à La Palette. Elle vient de rentrer de quelques jours à Rome où elle a fait un échange d'un semestre l'année dernière et ne « voulait pas me rater ». Je n'ai pas envie d'y aller, mais l'envie d'alcool, de peau, de séduction est ce soir plus fort que le besoin de solitude.

Quand j'arrive, Louise est en train de montrer une vidéo de la dernière exposition des résidents de la Villa Médicis : un liquide noir coule sur un buste de Jean-Baptiste Colbert, initiateur du Code noir. Ils ne s'interrompent pas pour moi : le mec assis à sa droite me lance un « salut » en restant scotché sur le téléphone de Louise. Il ressemble à Yann Brossat, l'adjoint à la mairie de Paris. Ils continuent, en discutant, pendant que je me démerde pour trouver un petit tabouret. Me voilà avec elle et ses trois potes en terrasse à cinq sur une table de trois, une assiette de fromage au milieu. Ils sont tous regroupés autour de cet iPhone. Je suis gelé, mais je fais semblant d'être content d'être là, je ne trouve rien de mieux à faire que sourire. Louise est dans son élément, entourée de ces trois jeunes types. Je l'ai toujours vue seule et ça ne m'étonne pas de la voir au centre. Je la dévisage comme si je cherchais à confirmer ce qui me plaît en elle. Elle a quelque chose de simplement très sympathique. Cette fille est solaire et je crois qu'à ce moment de ma vie, c'est ce qui me plaît. J'ai toujours été attiré par des filles discrètes voire mystérieuses, mais là, j'ai besoin de lumière, de légèreté. Son tempérament contraste d'ailleurs avec son apparence physique. Tout est fin chez elle : les lèvres, le nez, les attaches. Elle est totalement décontractée dans sa veste polaire et regarde tour à tour ses potes pour voir leurs réactions.

— C'est qui, cet artiste ?

— Nidhal Chamekh.

— J'adore.

Yann Brossat renchérit :

— Oui, il a des couilles.

Devant cet enthousiasme, Louise se sent un peu obligée d'en dire plus.

— Ces images sont si fortes. Son but, c'est de remettre en question une vision totalement figée du passé de la France.

— Ça me rend fou qu'il y ait encore des statues de ce fils de pute.

— C'est clair.

Le mec assis à gauche s'avance :

— Ce n'est pas de la peinture qu'il faut, mais un beau déboulonnage. Un happening géant sur tous les territoires. Imaginez, en une nuit, plus de statues à l'honneur des vieux gros Blancs dominateurs.

Il a une voix si aiguë que c'en est dérangeant. Il finit sa phrase par un « couic » en mimant une décapitation. Les trois autres acquiescent, leurs têtes légèrement inclinées sur le côté, en murmurant des petits « ouais ». Comme ça, sans interruption, Louise me présente à l'assemblée. Nous exécutons quand même les règles de politesse minimum. Je pense alors m'en tirer avec un petit signe de main à l'auditoire, un truc à la miss France. Mais « Voix de crécelle » se lève pour me serrer la main.

— Content de te rencontrer enfin, mec.

Yann Brossat, lui, préfère un petit « check ».

— Welcome.

Un blanc s'installe. Louise doit se sentir gênée, car elle s'efforce de trouver un sujet de conversation commun. Elle s'adresse au troisième mec qui n'a pas dit un mot.

— Ali, avec Adam vous avez des origines communes, son père est né à Alger.

Il tire sur sa cigarette électronique.

— Je suppose que c'est un pied-noir.

— Oui.

— Pas vraiment la même histoire, alors.

Il termine sa phrase avec un petit sourire ironique et tire une vape. Je pense que tout comme moi, il n'a pas envie d'aller plus loin. Je sais à quel point on marche sur des œufs. Impossible d'exprimer une opinion un peu nuancée, sans tomber dans un camp totalement hermétique à l'autre. Le bien et le mal. On n'accepte plus les zones grises, je pense que les obsèques de la nuance ont eu lieu quelque part au début des années 1990. Alors, je prends le temps de lui répondre en faisant bien attention d'ôter tout mot qui pourrait être mal interprété, sans une once d'agressivité.

— Oui, bien sûr, Ali, tu as raison. Nos histoires sont forcément différentes : ma famille a connu l'arrachement à un pays qu'elle adorait et la tienne a subi pendant des années une situation insupportable où une partie de la population n'avait pas les mêmes droits que les autres. C'était une époque compliquée.

— Apartheid !

Brossat a hurlé. Le con ne tient plus sur sa chaise.

— L'Algérie française a été un crime contre l'humanité, c'était un État ignoble d'apartheid.

Ali ne parle pas, il est toujours avec sa clef USB dans la bouche dont la lumière orange indique qu'elle est à court de batterie. L'autre est de plus en plus nerveux.

— Tu n'es pas arabe, tu ne peux rien comprendre à ce qu'Ali ressent.

Il a posé sa main sur l'épaule d'Ali qui ne semble pas apprécier cette proximité.

— C'est d'ailleurs indigne pour un mec comme toi, fils de colons, d'en parler. Tu n'en as pas le droit. Tu n'as pas honte ?

Louise, qui n'a rien dit jusque-là, me regarde avec un peu de commisération.

— Oui, c'est vrai, c'est tellement un réflexe de privilégié blanc.

Elle a dit ça avec de l'empathie, comme si elle voulait me rassurer et m'expliquer que j'étais atteint d'une maladie mentale qui me faisait dire des grosses conneries, mais que ce n'était pas vraiment ma faute. Avec ses amis, ils allaient m'expliquer quoi faire, comment penser et tout rentrerait dans l'ordre. Il ne fallait pas que je m'inquiète.

Ma réponse à Yann Brossat est sortie d'un seul jet :

— T'es con, toi, ou quoi ?

Et là, Louise pour la première fois a perdu de sa décontraction. Elle a levé ses bras qu'elle a fait retomber sur la table.

— Ce n'est pas possible !

Elle s'est tournée vers l'excité.

— L'exemple même de la fragilité blanche. Vraiment, ne sois pas sur la défensive. On ne peut rien vous dire.

Ce « on » me rend fou. Je connais l'œuvre de Robin DiAngelo. Cette sociologue et militante antiraciste a vraiment réussi son coup. Avec son concept de fragilité blanche, t'es niqué quoi que tu dises. Te défendre d'une accusation assez infamante de racisme est justement la preuve de ton malaise vis-à-vis de ces sujets, et donc que tu contribues aux développements des discriminations qui bénéficient « aux non-racisés ». Assez implacable, je dois dire. Et moi, comme un con, je plonge. Ils me regardent tous les quatre et attendent une réponse, plutôt une excuse. J'ai offensé Ali et dois faire amende honorable. Ils attendent de taper fort le marteau du bannissement si je n'accepte pas de me diriger vers la voie douce de la rédemption.

C'est vrai après tout, je pourrais très bien me lever et leur dire : « Je suis Adam Fier, j'ai le privilège d'être un homme, d'être blanc, d'avoir de l'argent. C'est vrai que là, ça fait un peu beaucoup, alors je m'excuse encore plus et j'aimerais vivre dans un monde plus juste où les mecs comme moi avanceraient dans la société avec des malus. » Je les regarde bien en face, les uns après les autres. Ils hochent tous leur tête, on dirait des Playmobils un peu crades, sauf Louise. Je ressens quelque chose de plus fort que la colère provoquée par ce qui me semble être une folie. Je ne parle même pas du fait que pour eux les pieds-noirs, qui ont connu la déchirure de perdre leur pays, sont au mieux hors de l'histoire, au pire des bourreaux. Nous en sommes bien loin, il n'y a même pas le début d'un débat possible. Oui, il y a ici quelque chose de plus profond.

Je reçois alors un sms d'un numéro que je ne connais pas.

Bonsoir cher Adam Fier, j'ai bien récupéré votre lettre. Je vous prie de vouloir m'excuser de l'heure tardive, mais je suis insomniaque. Si vous êtes libre, vous pouvez me retrouver dans deux heures chez moi. Code 2614. Je suis au deuxième étage, appartement de droite.

Robert Journet

Je ne réponds pas à cette bande de malades qui auront sûrement dans dix ans des places de choix dans les médias, la politique et les ONG.

En partant, j'entends Brossat crier, mais pas trop fort :

— C'est ça, casse-toi !

XVI

J'éprouve le vide de cette cour d'immeuble, la froideur de sa verticalité, la lourdeur de ses briques anciennes. Je sens la présence des habitants, une présence nombreuse mais solitaire. Un grouillement sourd de petites habitudes et de grandes peurs apaisées par les émissions de divertissement ou excitées par les chaînes d'information en continu. Il n'y a ni bruit, ni mouvement, mais je m'attends à un sursaut de ces hommes et ces femmes aux aguets.

Je frappe à la porte de Robert Journet.

Un homme en chemise avec cravate sous un épais gilet en laine m'ouvre. C'est lui. Nous longeons le couloir jusqu'à une petite pièce très fournie qui est aménagée en bureau. Une bibliothèque avec de nombreux livres photos et dessins habille le mur principal. À côté de sa table de travail, une peinture de scène orientale qui me fait penser à l'œuvre de Majorelle semble presque terminée. Il s'arrête entre deux fauteuils installés devant un étroit bureau. Des rideaux de velours bordeaux recouvrent l'unique fenêtre.

— Asseyez-vous, je vous en prie. Vous voulez boire quelque chose ?

Il se dirige vers la bibliothèque et prend la bouteille de whiskey posée sur un plateau d'alcools.

— Je veux bien un verre de rhum.

— Celui-ci est excellent, vous n'allez pas être déçu.

En nous servant, il me précise (sûrement pour m'expliquer son message nocturne) que pendant des années il a été en proie à des insomnies et qu'il les a finalement acceptées. Je m'attendais à voir un vieillard haineux, froid et méprisant, et j'ai devant moi un homme poli dont émane une certaine douceur. Nos genoux se touchent presque. Il boit une petite gorgée et me regarde un long moment.

— Je me souviens de la nuit où votre grand-père est mort comme si c'était hier.

— Pourtant, ce n'est pas ce que vous avez dit aux enquêteurs…

Je regrette aussitôt ma précipitation. Si je veux le faire parler, il ne faut pas le braquer.

— Je voulais éviter les problèmes avec la police. J'avais aussi mes propres histoires.

— Je sais. Pourquoi cette nuit vous a marqué ? Vous sembliez pourtant habitué à la violence.

Il ferme les yeux un court instant.

— Déjà, car mon père aimait beaucoup votre grand-père. Il en parlait souvent. Il nous disait à ma mère et moi que c'était un personnage de roman – on dirait aujourd'hui de cinéma. Je le voyais assez régulièrement, il m'impressionnait. Je n'avais même pas vingt-cinq ans…

Je vais vous faire une confidence: j'essayais de m'habiller comme lui. Il avait une telle allure. Avec ses costumes croisés, son chapeau et son Oldsmobile, on l'aurait cru tout droit sorti d'un film sur les années de la prohibition à Chicago.

Il me dit ça en avançant son buste. J'ai l'impression que ses pupilles se sont dilatées au moment où il a prononcé le mot « allure ».

— Il s'est passé quoi ce soir-là?

Il marque une longue pause.

— Ça, je n'en sais rien. Ce que je peux vous dire, c'est qu'après, tout Al Bliar a été sous le choc. Votre grand-père était quelqu'un de très apprécié. Oui, je me souviens même que chez moi, on s'était étonné que toutes les communautés se sentent endeuillées.

— Comment ça, « toutes les communautés »?

— Il faut bien comprendre qu'à l'époque, il y avait un système très communautaire qui régissait les rapports en Algérie. Les Arabes, les Français, les Espagnols, les Juifs ne vivaient pas vraiment ensemble. Et au sein même de ces groupes, il y avait encore de hautes barrières sociales. Ça n'avait rien de choquant à l'époque. Les gens se parlaient tous, pouvaient se retrouver de temps à autre, mais de là à vraiment se fréquenter, à nouer de véritables amitiés...

Il fait non du doigt et accompagne son geste d'un léger bruit de bouche.

— Et votre grand-père naviguait comme un poisson dans l'eau entre tous ces mondes, en restant le même. Je me rappelle qu'il était toujours accompagné d'un Arabe avec un turban.

— Je suis désolé de vous demander ça comme ça, mais j'ai lu que vous étiez très impliqué avec les ultras.

— Adam, aucune question sur ce que j'ai fait ne me dérange. J'assume tout. « Ultra », je ne sais pas ce que ça veut dire.

Il boit une autre gorgée.

— Si vous voulez savoir si j'aurais donné ma vie pour garder mon pays et celui de mes ancêtres, alors sans la moindre hésitation, je vous réponds oui.

— Monsieur Journet, ces mouvements et surtout l'OAS qui a suivi ont commis des crimes atroces.

Il a un rictus.

— Avez-vous entendu parler des vampires de la guerre d'Algérie ?

— Des vampires ?

— À la fin, les commandos du FLN enlevaient des Européens qu'ils parquaient dans les montagnes pour leur pomper tout leur sang et le transfuser à leurs combattants blessés. Vous voyez, dans l'horreur on peut toujours aller plus loin. La seule différence, c'est que les crimes de l'autre côté sont passés à la trappe. Je ne connais pas de guerre propre. Il faut accepter que les deux parties soient prêtes à tout et avoir l'honnêteté de le dire.

Il me regarde un long moment.

— Laissez-moi vous raconter une histoire, vous comprendrez peut-être mieux après…

Il se cale dans son fauteuil.

— J'ai vu le jour et grandi dans un petit village comme beaucoup d'autres, avec son école, sa mairie, sa place, ses maisons crépies de blanc ou de rose baignées de soleil. Ma grand-mère était directrice de l'école. Je me rappelle que l'ombre chassait brusquement chaleur et lumière et là alors, dans la fraîcheur de la nuit calme, nous voulions vivre plus que jamais.

Voyez-vous, dans ce petit village, paysans, fonctionnaires, commerçants et ouvriers, musulmans et Européens se côtoyaient avec respect et sans préjugés. Ils n'étaient peut-être pas proches, mais ensemble ils se retrouvaient pour jouer aux boules. Je vous assure, là, maintenant, j'entends encore le bruit des échoppes qui ferment. Tous ces gens, à force d'un travail acharné, avaient sorti une vie de ce sol ingrat et si longtemps délaissé à cause des brûlures du soleil et de son manque d'eau. Oui, Adam, sans eux ce pays serait resté à l'état sauvage encore des siècles.

Il repose délicatement le verre sur le large accoudoir et noue ses mains.

— Vous êtes jeune, vous ne savez sûrement pas encore que les souvenirs sont dangereux : ils nous enferment. Je revois la route qui mène à ce village, les figuiers, les champs d'asphodèles, le contraste avec le rouge vif des coquelicots. Je passais mes journées entre notre petite maison et le douar où vivait mon meilleur ami. La question de la sécurité ne se posait même pas. Je suis resté là-bas jusqu'à mes douze ans et après, nous avons déménagé à Al Bliar. Quel était notre crime ? Dites-le-moi, Adam.

Il se lève et me ressert un verre de rhum.

— D'avoir répondu à l'appel de la France, d'avoir fait sortir de terre ce pays de nos mains. Alors, vous savez, quand j'ai commencé à voir nos compatriotes se faire violer et tuer, que j'ai compris que notre propre État nous abandonnerait, que des civils seraient seuls sans défense, je n'ai pas hésité une seule seconde à prendre les armes. Je ne pouvais admettre que mes frères soient massacrés simplement pour avoir commis le crime d'être restés fidèles à la France.

— Je comprends, Robert, mais tout de même, ne pensez-vous pas que cette violence extrême aurait pu être évitée ?

— Si, bien sûr, mais les choses n'étaient pas simples. Oui, la violence attire la violence, mais les Français d'Algérie n'avaient pas à être les victimes expiatoires des erreurs et de la lâcheté de leurs gouvernants.

— Mon grand-père était-il lié à vos activités ?

Il met un long moment à me répondre.

— Non, Adam, j'étais un gamin pour lui, il ignorait tout.

— Alors, pourquoi ?

— Je pense que c'était un malentendu.

— Il a pris la place de qui, alors ?

Il me regarde, mais je le sens très loin. Il se racle la gorge.

— Je ne sais pas, je suis désolé. Il se fait tard, je suis fatigué. J'aurais aimé pouvoir vous aider plus.

Alors que je suis en train de me lever :

— Votre père a eu une belle vie, non ? Il a survécu à la mort de son père ?

Je suis surpris par cette question.

— Je pense que oui, sa sœur aussi…

— Ah oui, il avait une grande sœur, mais elle était plus âgée, mariée et sur les rails de la vie. Je pensais au petit qui le suivait partout. C'est important qu'il ait eu une belle vie et vous aussi.

Il doit être une heure du matin quand je rentre à l'hôtel. J'allume la télé et je tombe sur l'énième rediffusion d'un énième débat. C'est vraiment très utile un débat pour une chaîne d'information quand il n'y a plus de nouvelles informations. C'est assez étrange, quand on est concentré sur un sujet, on a l'impression que le monde entier tourne autour de lui. En ce moment, tout me ramène à l'Algérie. Est-ce parce que depuis que j'ai commencé mes recherches, j'y suis spécialement sensible, ou bien les plaies de cette guerre terminée il y a soixante ans sont-elles encore purulentes ? J'ai le sentiment qu'aujourd'hui, peut-être davantage aujourd'hui, on ne peut pas comprendre notre pays sans comprendre ce qu'a été ce conflit.

Le titre du débat est : *Meurtre de Kelly, fait divers ou fait de société ?* Depuis quelques mois, plusieurs assassinats ont été perpétrés par des immigrés illégaux qui n'avaient rien à faire sur le territoire français. OQTF est devenu l'un de ces nombreux sigles et expressions qui percent l'espace médiatique pendant une période avant d'être remplacés par le suivant. Le coupable présumé est algérien. En France, des petites filles se font égorger dans leurs immeubles, des femmes violer chez elles et dans les rues, des vieilles dames jeter par la fenêtre, des professeurs décapiter, mais la seule et vraie question à se poser c'est de savoir si ces crimes sont à placer dans la rubrique « rien à foutre ». Sur le plateau, un représentant du parti présidentiel, un attaché de l'ambassade algérienne en France et un intellectuel dont j'ignorais l'existence. C'est lui qui parle le plus. Il développe, en la mettant au goût du jour, la thèse d'Olivier Roy : la violence du meurtrier est un cri de colère, certes condamnable, mais un sentiment légitime dû au ressenti de la discrimination d'État. Le représentant du pouvoir en place, quant à lui, exhorte ses contradicteurs à ne surtout pas se précipiter. Quant au diplomate algérien, il a le mérite de lever le voile sur les réticences de son gouvernement à accepter le retour au pays de ses ressortissants coupables des pires crimes en France : « Ils ne veulent pas reprendre de jeunes corrompus et pollués par les valeurs occidentales. »

Au moins c'est clair.

Je m'endors, avec la télé en fond sonore. Cela m'a rappelé quand, enfants puis adolescents, avec ma sœur, nous nous retrouvions dans le couloir et nous nous demandions comment nos parents pouvaient dormir avec ce vacarme. Souvent, l'un de nous deux partait en expédition pour éteindre la télévision. La trêve n'était que de courte durée, car notre père ou notre mère la rallumerait durant la nuit. Je sais qu'elle aussi, maintenant, dort avec la télé allumée, et cela m'arrive souvent également.

Quand je me réveille, mon esprit est embué. C'est surtout ma discussion avec Robert Journet qui a heurté des certitudes incrustées au plus profond de ma conscience. J'appelle mécaniquement Ruby, j'ai besoin de comprendre.

— Ça me fait plaisir de t'entendre. Comment avancent tes recherches ?

— Je récolte des informations et j'apprends beaucoup de choses, monsieur Ruby. J'ai pris un verre avec un ancien de l'OAS hier soir.

— Attention, Adam : aujourd'hui, tu peux te retrouver en prison pour moins que ça.

J'ai un petit rire court mais sincère.

— Vous pensez quoi de l'OAS ?

— Et toi, tu en penses quoi ?

— Bah, justement, je ne sais plus trop. Pour moi, c'étaient des terroristes tortionnaires qui ont fort logiquement été condamnés, mais quand j'ai entendu l'histoire de ce type hier soir… Eh bien, honnêtement, son point de vue avait aussi du sens.

— Tu aurais sûrement eu la même réaction si tu avais pris un verre avec un ancien membre du FLN qui t'avait raconté ses motivations à prendre les armes. Il y a chez les combattants des deux parties une part de vérité. Alors, que t'a-t-il dit ? Que son pays adoré allait être abandonné par la France et qu'il se devait de défendre ses compatriotes d'un massacre assuré ?

— Oui, en quelque sorte, ça et que le mot « colon » ne voulait rien dire, que la plupart des Européens étaient des gens modestes.

— C'est vrai aussi.

J'entends la nature se réveiller derrière lui.

— Le gouvernement français les a donc vraiment trahis ?

— Y avait-il beaucoup d'autres choix ? Le vent de l'histoire allait balayer l'aventure coloniale et je ne pense pas que c'était une mauvaise chose. La situation en place, terriblement inégalitaire pour les musulmans ne pouvait pas durer éternellement. L'implantation d'une population européenne sur un sol de vieille culture islamique soulevait des problèmes profonds qui n'ont jamais vraiment été traités.

— J'ai quand même l'impression que c'était la pire issue possible pour les deux pays.

— Je suis assez d'accord avec toi.

— J'ai en mémoire les trois solutions proposées par de Gaulle lors de son allocution de septembre 1959. N'aurait-il pas pu y avoir une meilleure histoire ?

— Il ne fait plus de doute que de Gaulle avait en tête, depuis son retour au pouvoir, sa stratégie. Il s'est aidé des pro-Algérie française pour revenir aux affaires, mais il savait que la colonie devrait être liquidée au plus vite. Ce n'était plus tenable.

— L'intégration était impossible…

— Une France de Dunkerque à Tamanrasset, avec tous les citoyens arabes de plein droit, n'aurait plus été la France.

— Et pourquoi pas l'association ?

— Oui, on aurait peut-être pu pousser dans cette voie, imaginer un Commonwealth à la française avec deux États indépendants qui auraient gardé des liens durables…

Je l'entends boire un verre d'eau.

— Mais très vite, le ressentiment a été trop fort pour que cela soit possible. Pendant un moment, Peyrefitte a même œuvré pour que soit créé un territoire français sur une partie du sol algérien. Une solution à deux États en somme.

— Cela aurait pu être une solution, non ? Ça cochait pas mal de cases. Les Arabes auraient eu leur indépendance et les Européens n'auraient pas été chassés de leur pays.

— Fausse bonne idée, Adam. D'ailleurs, de Gaulle l'a balayée d'un revers de la main, il ne voulait pas d'un autre Israël, cette fois au Maghreb. Pour lui, la France aurait été haïe pendant des siècles et je pense qu'il avait raison.

— Donc, la séparation à ce moment de l'histoire était l'unique issue ?

— Je le pense, oui, la raison du drame pour moi réside moins dans l'indépendance que dans le fait que ce sont les pires qui ont pris le pays entre leurs griffes. Les choses auraient été, j'en suis sûr, différentes si c'était le MNA et non le FLN qui avait été face à la France. Le FLN a construit ce pays sur la haine du nôtre.

— Vous pensez que c'est pour ça que le sujet de l'Algérie française est encore si vivace aujourd'hui ? Il y a une chose que je ne m'explique pas. La France a été traversée par des crises autrement plus profondes et violentes. J'ai l'impression que l'Algérie a laissé plus de traces que Vichy. C'est quand même fou.

— Ce n'est pas une impression, c'est une certitude.

— Mais ce n'est pas normal : d'un côté, la guerre mondiale la plus meurtrière, notre sol fracturé et occupé par les Allemands, de l'autre, un pays étranger au nôtre depuis soixante ans.

— Déjà, il y a une question de durée. L'Algérie française, c'est cent trente ans. Maintenant, donne-moi un seul autre conflit où la ligne de clivage est si brouillée et complexe. Adam, le conflit algérien, ce sont plusieurs guerres superposées, des petits groupes d'hommes qui se haïssent les uns les autres. D'abord oui, il y a le conflit dans sa grande largeur, gouvernement de Paris contre nationalistes algériens. Mais en dessous, dans toutes les strates de la société, il y en avait d'autres tout aussi violents, peut-être même bien plus, car loin de toute convention. Algériens assimilés contre séparatistes, FLN contre MNA, Européens contre musulmans, pieds-noirs contre Français de métropole, OAS contre armée loyaliste… Toutes ces oppositions laissent des traces et quand, en plus, un pays construit sa politique intérieure sur la rente mémorielle, ça a des conséquences. Oui, de Gaulle a sacrifié les harkis pour régler le problème algérien. Les Juifs ont même été faits triplement cocus, déchus de leur nationalité, résistants en terre vichyste, puis chassés de leur pays, et lorsqu'ils sont arrivés sans rien dans la grisaille parisienne, on les a considérés comme des colons qui fumaient des cigares dans leurs Cadillac.

Quand il me dit ça, je me rends compte que mon père ne m'a jamais parlé de la France en ces termes. Non, il ne s'est jamais plaint du sort des siens.

— Pourquoi ne continuerions-nous pas cette discussion en grimpant ? Malgré ce satané réchauffement climatique, on peut encore faire le mont Blanc, je pensais y aller le week-end prochain. Viens avec moi, ça fera vingt ans qu'on y est allés ensemble et nous prendrons la première voie.

— Je suis partant.

XVII

J'aurais pu rester à Paris me refaire des cessions *woke* avec Louise et sa bande, mais James me manquait trop. Il commençait à parler et ça me rendait fou de passer à côté de ces changements, de ne pas le voir tous les jours. Je savais que chaque étape de sa petite vie était un court moment innocent et unique qui tomberait aussitôt dans la trappe de l'oubli et ne reviendrait jamais si je n'étais pas présent. Il s'en remettrait, et moi aussi, mais j'avais simplement envie de vivre ça.

Ça m'est tombé dessus d'un coup. Le déclic est venu par la parole. C'est elle qui nous a liés et maintenant j'avais en moi un indicible besoin de transmettre. Il faut savoir que chez nous, chaque mot se dit en trois langues. Pour des raisons évidentes, James ne parla d'abord que portugais à l'exception de « camion poubelle » qu'il prononça toute de suite en anglais. La langue de son pays d'adoption est venue en second, et enfin le français. Que mon fils ne parle pas ma langue maternelle était devenu l'une de mes plus grandes angoisses. J'étais certain que nous n'aurions alors pas la même relation, qu'il nous manquerait quelque chose. Cette crainte s'était dissipée.

Le gosse devait croire que son père était un peu au ralenti car il venait tous les jours généreusement me trouver pour me traduire en français les choses les plus quotidiennes que son entourage lui disait dans les autres langues : « Papa, attention tu vas te brûler », « Papa, c'est dangereux d'être sur la route ».

Jamais je n'aurais cru que j'en viendrais à parler des premiers mots de mon enfant, plutôt crever. Mais j'en suis bien là. S'il n'y avait pas cet amour si puissant, nous ne serions plus. Je ne pense pas que le propre de l'homme soit uniquement de persister, quel que soit son environnement ; non, notre vérité, c'est de transmettre, j'en suis maintenant certain.

Julia est aussi la marraine de James et elle a improvisé une courte visite à Londres. Elle est mon amie, mais très vite elle a pris un rôle d'intermédiaire entre Michelle et moi. Son recul, son intelligence et son humour ont conquis ma femme. Elle est d'ailleurs la seule de mes amies à qui elle parle d'elle-même. Elle l'a invitée chez nous sans même m'en parler. C'est vrai qu'ayant déserté le domicile conjugal, je ne peux que fermer ma gueule. Elle arrive le lendemain soir de mon retour.

Je passe la journée entière avec Michelle. Je n'ai pas vraiment envie de voir du monde. Elle a changé, c'était évident. Sans que cela soit pesant, elle me dit qu'elle est contente que je sois de retour chez nous. Ce sont les mots qu'elle emploie, « chez nous ». Elle veut que je prenne mon temps. Alors que nous sommes tous les trois dans la cuisine et que je fais le con avec James, elle s'assoit à côté de moi sur le parquet, et elle me dit la chose que j'ai le plus besoin d'entendre à ce moment-là.

— James a besoin de toi, tu es son père. Il t'aime, mais ne t'en fais pas, si les choses ne s'arrangent pas entre nous, on pourra très bien vivre séparés. Nous sommes des belles personnes, on se respectera toujours, et je sais maintenant que tous les deux on fera ce qu'il y a de mieux pour lui.

Ces mots me rassurent tellement ! Il n'y a rien qui me fasse plus peur que son retour au Brésil. On ne pense pas à ces choses-là quand on rencontre une femme, et qu'on avance ensemble insouciants dans l'ascension heureuse qui nous porte jusqu'à la folie du mariage. Personne ne vous le dit, mais se marier avec une femme qui est née de l'autre côté d'un océan, c'est jouer à la roulette russe. Elle se barre avec mon gosse et ma vie devient un enfer du jour au lendemain. Il y a quelque temps, j'ai lu l'histoire de ce pauvre père en grève de la faim. Il était marié avec une Japonaise qui s'était enfuie au pays avec sa fille. Le pauvre mec avait le droit à un Skype tous les six mois sans pouvoir communiquer avec la petite qui ne parlait que la langue de la mère. Je n'arrivais même pas à imaginer la tristesse de la scène. La gamine qui ne sait pas ce qu'elle fout là et qui a envie d'expédier le truc le plus vite possible, et lui usant de stratagèmes pour saisir un peu de son attention en vain, et les minutes qui suivent : l'écran noir, la disparition du visage de sa fille. Y a-t-il une torture plus cruelle ? Alors, oui, quand Michelle me dit ça, je vois cette vie qui aurait été brisée et la douleur épaisse qui m'aurait pris tous les jours aux tripes s'envoler au loin.

Elle ne doit pas comprendre pourquoi j'ai l'air si léger. Tu as raison, Michelle, tu es une belle personne. Moi, je ne sais pas, mais toi tu es quelqu'un de bien. Je me rends compte qu'elle est l'opposé de ce que mes parents pensent d'elle, ils se sont trompés sur toute la ligne.

— Je suis content que tu me dises ça.

— Je le pense.

— Je sais.

Je suis assis, comme ça, par terre, dans cet univers familier avec un poids en moins. Je suis un peu fatigué de changer de lieu tous les trois jours, de vivre avec un petit sac.

— Tu as l'air bien.

— Oui, je me sens beaucoup mieux.

Je vois qu'elle a envie de m'en dire plus, de m'expliquer que pour son fils, pour moi, mais surtout pour elle, elle a entrepris un long et difficile travail qui commence à la sortir du trou.

— Tu sais, ce mal était là depuis longtemps. Les choses se sont peut-être aggravées avec la maternité, mais c'était déjà en moi.

— Et c'est quoi, ce mal ?

— J'ai un désordre obsessionnel. Quand mon thérapeute m'a diagnostiquée et qu'il m'a expliqué ce que c'était, j'ai tout de suite compris qu'à six ans je l'avais déjà. Je me revois dans ma chambre d'enfant aligner au millimètre mes vêtements et mes chaussures. Rouvrir mes placards cent fois pour m'assurer que tout était en ordre.

Je ne peux pas ne pas aller dans son sens. Michelle est une malade de l'organisation. Quand on faisait un dîner, quelle que soit l'heure, elle ne pouvait pas rejoindre les invités tant que la cuisine n'était pas immaculée. Avant l'accouchement, une de ses amies lui avait donné une liste de choses à avoir « absolument » avant l'arrivée du bébé et elle n'avait plus rien fait d'autre que d'aller à la recherche du moindre élément. Si un seul avait manqué, c'est toute la liste qui serait devenue obsolète.

— C'est quoi la raison ?

— Je ne sais pas quel traumatisme a déclenché ça, en tout cas, maintenant, je comprends pourquoi je fais ça.

— Pourquoi ?

— Tout part d'une angoisse, et les obsessions, que ça concerne les chaussures ou les prières, te persuadent que ce que tu crains n'arrivera pas. Vois ça comme un rituel.

— Les prières, il y a quand même un truc religieux derrière.

— Je l'avais oublié, mais ma mère me forçait à aller à l'église. Je faisais des crises hallucinantes pour ne pas m'y rendre, et je me retrouvais punie pendant des heures à devoir réciter des *Je vous salue Marie.* Je pense que ça vient de là.

— Comment ça ?

— C'est un peu comme une drogue. Pour stopper ces obsessions, il faut couper tous les liens et, avec mon problème, il n'y a pas pire que la superstition. Rituel religieux, angoisse et superstition créent la pire des spirales.

Elle en parle le plus calmement du monde et c'est très clair pour moi, je l'écoute sans le moindre jugement.

— Le problème que j'ai eu pendant la grossesse a réveillé tout ça. J'ai ressenti la plus grande angoisse possible, perdre notre enfant, et le premier mécanisme de défense qui s'est manifesté a été celui de ma culture, la superstition. Tout naturellement, j'ai pris l'outil que je maîtrisais le mieux. À cause des punitions répétitives de ma mère, la prière était devenue une langue à part entière, ça n'avait rien de religieux. J'aurais pu aussi bien vérifier vingt fois que toutes les portes de la maison étaient fermées.

— C'est très bien de le savoir et maintenant, c'est quoi la solution ?

— EMDR, désensibilisation et retraitement par les mouvements oculaires.

J'avais déjà entendu parler de cette méthode dans un reportage sur des militaires qui étaient revenus d'Irak en état de choc. Leur cerveau n'avait pas intégré que les scènes de guerre étaient derrière eux, que maintenant ils étaient en sécurité à la maison avec un Wal-Mart et un Mall climatisé à moins de 500 mètres. Les mecs revivaient vraiment des moments d'horreur dans leur corps et leur tête. Les mêmes émotions, les mêmes sensations. Le pouvoir de l'esprit est sans limites. On parlait de syndrome post-traumatique.

— L'idée, c'est qu'en stimulant les yeux par des mouvements rapides, tu peux recoder les images, les perceptions et les souvenirs incrustés négativement dans le cerveau et surtout diminuer leur impact. Quand je fais mes séances, j'enlève de mon crâne le lien que j'ai créé entre la réalisation d'un drame et la prière. Tu comprends ? Ça marche, et ça me rend si heureuse, je me détache de mes angoisses, j'ai l'impression de vivre à nouveau, j'étais en prison. Ça a dû être impossible pour toi.

Même à ce moment, devant sa vulnérabilité, sa franchise et ses efforts, je lui en veux encore de ce temps gâché, mais je ne lui dis évidemment rien.

— L'important est que tu ailles mieux.

Julia arrive en fin de journée, Michelle nous laisse aller dîner tous les deux. Je l'emmène dans un petit italien sur Westbourne grove. Je sens qu'elle veut savoir où j'en suis. La vision de cette maison paisible et de ces deux adultes bienveillants contraste avec la détresse que je lui ai manifestée. Avant même qu'on commande une bouteille de vin, elle me bombarde.

— Elle a l'air bien Michelle, là.

— Elle va beaucoup mieux, oui.

— Tu penses te remettre avec elle ?

— Non.

— Pourquoi, si vous arrivez à laisser vos problèmes derrière vous ?

— On est trop différents.

Le serveur dépose la bouteille et me fait goûter le vin. Julia attend que les deux verres soient servis et que le serveur retourne derrière le bar.

— Tu me fais marrer, toi…

— Ça veut dire quoi ?

— Tu ne l'as pas choisie justement parce qu'elle est différente ? Tu crois vraiment que tu aurais pu vivre avec une femme qui se barre au bout du monde du jour au lendemain, qui ne veut pas entendre parler de la moindre chose du quotidien ? Ta haine de la monotonie, ton obsession de la beauté, de vouloir vivre une vie hors norme, tu crois que c'est facile pour elle ?

— C'est tout ?

— Non, et faire un gosse avec une femme qui aurait été comme toi, la blague ! Elle se serait retrouvée en Birmanie pour son accouchement. Les mecs comme toi ne peuvent pas être ce qu'ils sont sans des Michelle, alors c'est facile de tout lui mettre sur le dos.

— Ah non ! Tu ne vas pas, toi aussi, tomber dans cette guerre des genres !

— Ça n'a rien à voir, je te dis juste que c'est aussi pour toutes ces raisons que tu critiques aujourd'hui que tu l'as choisie. Et puis…

— Et puis quoi ?

— Rien.

— Bah, vas-y, on n'est plus à ça près !

— Tu ne le vois pas, mais tu reproduis la relation de ton père avec ta mère.

Après cet échange, le dîner était un peu plombé, nous n'avons presque plus parlé. Le lendemain, départ à Genève pour retrouver Ruby au pied du mont Blanc.

XVIII

Mon vol aux aurores a été annulé. Ainsi que les suivants et tous ceux qui devaient atterrir à Genève, en raison d'une panne informatique. J'y vois un peu la revanche de l'homme sur la machine et Michelle elle, un signe. Quand je l'informe de la situation, elle me demande de rebrousser chemin. « Ça ne sert à rien de forcer le destin, ça signifie que ce n'est pas le bon moment pour toi. » Quand elle voit ma résistance, elle insiste en m'envoyant une vidéo de James qui me parle en anglais : « Please, don't go. » Finalement, j'arrive à m'enregistrer sur un autre vol dont le départ, initialement prévu à minuit, s'effectuera avec cinq heures de retard. Cela n'arrange pas mes affaires. Après deux nuits blanches, trois Paris-New York en un mois, l'alcool et les cigares que je me suis remis à fumer assidûment en effectuant mes recherches, je m'approche de cette montagne en lambeaux.

Je végète à l'aéroport, parqué dans une salle d'attente avec 20 chaises pour 200 passagers dont plusieurs en viennent aux mains pour utiliser les prises électriques. Le voyage moderne a quelque chose d'à la fois barbare et robotique : un très bas degré de civilisation et un haut niveau de technologie. Je me sentirais plus à mon aise dans le système inverse. C'est ce que j'étais en train de me dire quand je reçois un appel de mon père. Le deal avec les Ricains arrive au bout, des millions sont en jeu, mais lui me parle d'un problème d'étagères dans nos entrepôts à 11 heures du soir. Du Pierre Fier craché. S'il n'avait pas entendu ces annonces aéroportuaires, je ne lui aurais rien dit de mon ascension. Je sais que l'inquiétude le rend agressif. Quand il me demande où je vais, je réponds franchement.

— Je suis en route pour le mont Blanc.

— Tu me feras vraiment chier jusqu'au bout !

— Écoute, j'ai quarante-deux ans, je ne suis pas en train de te dire que je vais me faire trois jours de défonce à Berlin. Je vais faire ce que j'aime le plus, gravir des sommets, alors tu devrais être content pour moi.

— Et ça dure combien de temps, cette plaisanterie ?

Je sais très bien que dans le langage de mon père, ça veut dire : « Je vais m'angoisser pendant combien de jours avant de savoir que tu es revenu et que tout va bien ? »

— Quatre jours.

— Quand même…

Sur son mauvais versant, il y a cette violence et le stress qu'il me communique, mais sur l'autre, il est mon plus grand allié, un mélange de fan et de coach, un peu à la Mickey dans *Rocky*. Un vieux briscard, à l'ancienne, à qui on ne la fait pas, mais qui soutient son poulain quand il sent l'envie du dépassement et sait lui prodiguer les mots justes au bon moment. Il aime les sports demandant de grands efforts car « on ne peut pas tricher ». La volonté est tout.

Il y a quelques années, avec mon meilleur pote, nous sommes allés faire le marathon de New York. Quand tu es marathonien, New York c'est un peu le Graal : pas tant pour la difficulté mais pour l'expérience. En vrac, je me rappelle du bruit lourd dans un silence absolu des milliers de foulées dans les tunnels et sur les ponts, et puis la liesse à l'arrivée dans les nouveaux quartiers. Les passages de Williamsburg, du Queens avec ces gens qui hurlaient, les fanfares et le ciel bleu, brillant et lisse. J'avais pris le truc très au sérieux, m'entraînant quatre fois par semaine les trois mois précédents, concentré sur mon objectif de temps. À l'époque, j'adorais courir, je ne partais jamais nulle part sans une paire de baskets. Voir les paysages défiler à petite vitesse, un peu anesthésié par l'effort grandissant, c'est une façon particulière de découvrir des lieux. Le marathon est une épreuve à part. Par sa distance, il a un côté épique et pourtant, excepté beaucoup d'efforts, il ne demande pas grand-chose, ni technique spéciale ni équipements. Quand tu franchis la ligne de départ, tu n'as rien d'autre à faire que mettre un pied devant l'autre, idéalement toujours au même rythme. Pas de décision à prendre, de gens à gérer ou d'autres qui te disent quoi faire, non, tu déroules tes foulées et tu réalises un petit exploit. C'est ça qui me plaisait, je pense, la splendeur de la solitude et la tranquillité d'esprit, pas d'araignées qui te bouffent le cerveau. Un plan simple, avancer. Ça m'allait très bien comme programme.

Le lendemain de mon arrivée à New York, je me suis fait un petit décrassage de quinze minutes au bord de l'Hudson, juste pour me dégourdir les jambes alourdies par le voyage. Je n'avais pas fait trois foulées que je me suis retourné la cheville. La douleur est montée d'un jet jusqu'au cœur. Putain, je ne pouvais plus mettre mon pied gauche au sol, il avait triplé de volume. J'avais envie de chialer, de nerfs et de tristesse. C'était mort pour la course, je devais déclarer forfait, tout ça pour ça, il fallait l'accepter, il y avait pire histoire que celle-ci.

Nous dormions dans un hôtel un peu glauque qui avait la qualité d'être proche du ferry que nous devions prendre le dimanche à 4 heures du matin pour rejoindre le point de départ où nous attendrions des heures dans le froid. Tous les clients de l'hôtel étaient inscrits à la course, et à l'américaine, tout le monde s'encourageait à coups de grands sourires et de tapes dans le dos. Ça devenait insupportable.

Alors que j'étais seul dans ma chambre, à déprimer, mon père m'a appelé. Je lui ai dit que c'était sûrement mort pour moi. Il est devenu Mickey : tranquillement, il m'a prodigué ses conseils. « Tu restes allongé, ton pied en hauteur entouré de froid, tu ne le poses sous aucun prétexte au sol et surtout, surtout, tu penses à des choses positives. Tu imagines que tu marches sur des petits nuages tout doux. » Je ne sais pas où il était allé chercher ces conneries de nuages, mais en tout cas, moi, je l'ai écouté. Dans cette chambre moderne mal décorée avec sa vue sur la rivière, j'ai fermé les yeux et je me voyais dans le ciel gambader sur des coussins d'air.

Il a réussi le con, ça a marché, je ne pouvais pas toucher le sol sans hurler, mais à 3h45 le lendemain, quand je me suis réveillé, la douleur avait disparu. J'ai senti le feu en moi et j'ai touché cette ligne d'arrivée dans le temps que je m'étais fixé. Je suis aujourd'hui certain que sans cet appel je n'aurais pas été sur la ligne de départ.

En route pour le mont Blanc, je sais que là aussi il sera avec moi en pensée comme finalement, à sa manière, il l'a toujours été dans tous les moments importants de ma vie. Il m'insupporte à m'appeler douze fois par jour, mais quand ce n'est pas le cas, je ressens un vide. Sa présence dans ma vie et notre relation me manquent. J'ai envie de lui parler de l'Algérie, de ma rencontre avec Journet mais ce n'est pas le moment.

— Fais attention à toi.

J'arrive assez tard chez Ruby, nous échangeons quelques mots seulement et je m'endors dans une petite chambre remplie de livres avec une fenêtre sans rideau qui donne sur la vallée. Je suis naturellement réveillé par les premiers rayons du soleil qui rosissent le glacier. Aucune lumière n'est encore allumée dans les maisons de la ville, du noir en bas et une gelée de framboise en haut. Je sens une forte odeur de café monter. Je retrouve Ruby dans la cuisine. Il a préparé mon matériel : casque avec lampe frontale, piquets et crampons. Je les essaie, ça fait longtemps que je n'en ai pas chaussés.

On se gare à Chamonix, sur ce petit parking qui fait face à la montagne, et on commence notre marche dans les pentes d'herbes sur plus de 600 mètres de dénivelé.

Cette chaleur de fin octobre a quelque chose de très étrange. Je n'ai pas envie d'avoir chaud ici, maintenant, et j'avance en sueur avec un simple tee-shirt manches courtes. Ce premier jour, on marche presque six heures, lui devant moi, dépassant le mont Corbeau. C'est dur pour moi. Je sens que ça va être un chemin de croix. J'ai perdu l'habitude, surtout le paquetage, 15 kg, j'ai oublié que le poids c'est tout. À l'époque, je faisais mon sac comme un alchimiste au millilitre d'eau près. C'est juste le premier jour et je suis déjà à court de tout, de forces, de souffle, et je transpire comme jamais. J'ai l'impression d'avoir des fines barres de fer qui s'enfoncent dans mes épaules et dans le bas du dos. Nous faisons une petite halte à la jonction entre les glaciers des Bossons et de Taconnaz et nous nous dirigeons vers notre gîte.

Pour cette première nuit, nous nous arrêtons au pied du glacier, sur cette frontière entre deux mondes. La randonnée devient la haute montagne. À partir de là, nous entrons dans un autre univers, celui du néant blanc, avec ses glissements, ses avalanches, ses crevasses et sa plénitude.

Ruby s'est arrêté devant moi. Il regarde en direction de la montagne. Puis il se tourne vers un petit vallon qui semble en suspension.

— Adam, contemple le gîte à Barmat.

Nous n'avons croisé personne jusque-là et je m'en étonne :

— C'est à cause du réchauffement ?

— Non, plus personne ne prend cette voie.

— Pourquoi ? C'est magnifique !

— Trop long, les gens sont maintenant dans l'exploit. J'appelle ça « le tourisme case cochée ». On fait le sommet de l'Europe en trente-six heures et on rentre.

Il sort le réchaud et l'allume.

— Tu sais ce que les gens demandaient aux guides avant de venir ici, il y a vingt ans ? « Que voit-on ? Est-ce si beau ? » Et dix ans après : « Est-ce risqué ? »

Sans s'arrêter de parler, il m'invite à choisir parmi les différents sachets de nourriture. J'opte pour les nouilles japonaises.

— Et maintenant, tu sais ce qu'ils veulent savoir ? « En combien de temps ? » Tous veulent prendre la voie la plus rapide avec le téléphérique, surtout faire le moins à pied. Tu te rends compte que toutes les semaines, j'en ai qui me demandent quelle est la voie la plus courte, mais quand même homologuée ? Mais homologuée par qui et pourquoi, Ducon ? Maintenant ils veulent des diplômes, ces abrutis.

Quand il m'a parlé de cet itinéraire, je n'avais pas réalisé dans quoi je m'aventurais. Je pensais que c'était une petite déclinaison des voies principales, et je me retrouve ici au milieu du rien. Un petit plateau rocailleux au pied du grand blanc et dominant la vallée. Sur le côté, une espèce de toute petite grotte recouverte par une pierre plate.

— C'est là que nous allons dormir, ami. C'est exactement ici que Barmat s'est arrêté lui aussi avant de partir au matin pour toucher le sommet.

Il me raconte l'histoire de cet homme, le montagnard de Chamonix, et de sa cordée qui est entrée dans l'histoire.

Comme tous ceux, avant et après lui, qui, par la seule force de leur vision et de leur volonté, ont foulé des territoires vierges. On l'avait longtemps pris pour un illuminé.

La nuit est vite tombée et avec elle le gel qui nous surprend ; comme des générations d'hommes avant nous, nous nous rapprochons de la chaleur. La bouffe lyophilisée m'impressionnera toujours. Que cette poudre toute pourrie se transforme en nouilles avec condiments est pour moi un tour de force qui n'est pas assez salué.

— C'est quand même pas mal…

— Tu trouverais tout bon, ici et maintenant.

— Je ne savais pas que tu étais devenu guide à plein temps.

Le tutoiement est venu naturellement.

— Eh oui…

— Et le lycée, tu fais comment ?

— Tu ne sais pas que j'ai été mis à la retraite anticipée ?

— Non.

— Bah, voilà…

— Mais pourquoi ?

— Pas de vagues.

— Quoi, pas de vagues ?

— Le premier meurtre…

— Franchement, je suis trop claqué pour jouer aux devinettes à 2 000 m d'altitude, là.

— Abel et Caïn. J'ai eu l'indécence d'illustrer un de mes cours par un texte biblique, voilà mon crime.

— Et ?

— Une élève s'est plainte à sa mère qu'elle s'était sentie mal à l'aise, même exclue. La mère est venue avec son frère demander ma tête au proviseur et, en un jour, je suis devenu un professeur catholique intégriste et prosélyte sur les réseaux sociaux.

Il a dit cela en levant son index comme un chef d'orchestre, le balançant d'un côté puis de l'autre sur chacun des mots infamants.

— Tu n'es même pas croyant !

— L'important n'est pas ce que je suis, mais ce que la meute dit.

— Et ils t'ont viré pour ça ?

— Pas si simple... Je suis d'abord allé voir le proviseur comme un élève appliqué avec mes planches de cours. Il m'a écouté dix minutes, mais mon sort était scellé. Quand je suis rentré dans son bureau, je savais qu'il m'avait lâché. Lui aussi avait une énorme pression du rectorat. Pour ne pas paraître trop désagréable, il a conclu notre entretien en me disant qu'il comprenait ce que j'avais voulu faire, mais qu'avec tous les problèmes liés à la laïcité, mon comportement était d'une grande imprudence. Bref, surtout pas de vagues.

— J'aimerais te dire que cela m'étonne, mais bon tu ne peux même plus mettre un sapin en ville à Noël. Il n'y a plus personne pour expliquer qu'il y a une différence entre culte et culture. Je suis désolé...

— Ne le sois pas. J'ai préféré partir, c'était il y a sept ans. J'ai passé mon diplôme de guide de haute montagne et je te le dis franchement, je suis très heureux loin de ça. Peut-être qu'au fond, ça a été un hara-kiri. J'en pouvais plus, trop d'hypocrisie, et mon métier tel que l'on m'obligeait à l'exercer était devenu très éloigné de mes valeurs.

Je bois de longues gorgées d'eau et repose devant moi mon bol de nouilles qui fume encore.

— Finis-le, tu vas avoir besoin de forces.

— Et c'était quoi ce cours sur Abel et Caïn ?

— Ce n'était pas sur eux. Je voulais juste expliquer à mes élèves l'importance des mots, de la communication et les conséquences des interprétations dans les conflits.

Il ouvre soigneusement une tablette de chocolat. Je suis un obsédé du sucre et c'est une torture pour moi de le voir aller si doucement.

— Quand tu y penses, c'est la première histoire d'un conflit mortel entre hommes qui est passé de générations en générations depuis plus de trois mille ans. Comment croire que cela n'influence pas ?

Il repose la tablette entre nous. Je ne peux pas en détourner le regard.

— On retrouve toujours les mêmes éléments dans tous les conflits, et j'ai justement utilisé ce passage pour les aider à mieux comprendre la complexité de la guerre d'Algérie.

— Là, je ne te suis plus…

— Tiens, tu veux du chocolat ?

— Ah, oui, merci !

— Comme tout le monde, tu connais l'histoire des deux fils d'Adam, le berger et le cultivateur.

— Jusque-là tout va bien.

— Ça se corse très vite pour eux. Le motif du meurtre tient en une ligne.

Il me regarde dans les yeux avec profondeur.

— C'est quand même incroyable, non ? L'histoire du premier meurtre de notre civilisation tient en douze mots. Tu te rappelles ce qui est écrit ?

— Non.

— « L'Éternel porta un regard favorable sur Abel et sur son offrande. » Le problème est que le narrateur pose un fait comme ça, sans explication ni interprétation, il n'y a pas une once de subjectivité. Rien de pire pour faire tourner à plein régime la paranoïa du perdant. Quand tu réfléchis bien, on ne sait pas pourquoi Dieu a préféré le petit cadeau d'Abel à celui de son frère. Une toute petite explication aurait changé beaucoup de choses. Si Dieu avait simplement dit : « Désolé, mon petit Caïn, mais je me sens un peu fatigué en ce moment, et j'ai besoin de protéines. Je prendrai des fruits et des légumes la prochaine fois. » Ou même : « Tu sais bien, mon chéri, que je suis un carnivore, plutôt crever que d'être végétarien », ça aurait été un peu plus violent, mais ça aurait évité que l'autre le prenne personnellement. Mais non, l'Éternel n'a rien dit, alors Caïn s'est fait son film en se sentant minable et mal aimé. Juste quelques mots d'explication sur les motifs de la décision divine auraient suffi à désamorcer le conflit, peut-être même à réunir les frères, les faire travailler ensemble pour monter la première épicerie du monde.

— Je n'avais jamais pensé à cela, Caïn patron des végétariens…

J'entends le sifflement de la flamme sur le métal, il ne bouge pas, concentré.

— Et le rapport avec le conflit algérien ?

— Arrêtons-nous là pour ce soir. C'était une bonne conversation, allons nous coucher.

Il insiste pour que je dorme sous la pierre, comme Barmat l'avait fait. J'aimerais être un peu ivre et laisser mon esprit divaguer. De cette roche, je contemple la montagne, je pense en vrac à lui, Barmat, le premier homme, à l'alpinisme et aussi à Caïn, son couteau, sa marque et toute la haine qui est dans le cœur des hommes. Et aussi celle qui existe parfois entre frères et sœurs.

XIX

Pourquoi faut-il faire tant d'efforts pour apprécier un café ? Je me suis levé seul, Ruby était déjà allé explorer le glacier. Nous nous sommes préparés, économes de mots. J'avais oublié ce que c'était de marcher avec des crampons, à quel point ils agrippaient la glace. Tu tiens juste avec ta pointe de pied sur une surface de 6 cm^2 bordée de vide. Nous avons avancé comme cela, doucement, c'était sûrement la partie la plus technique qui demandait de la concentration, mais pas beaucoup d'efforts. Nous avons basculé sur le glacier de Taconnaz, descendant dans le fond de la crevasse puis enjambant un trou pour nous retrouver dans une combe bien enneigée.

— Regarde, me dit Ruby. Ce sont les Grands Mulets, notre refuge pour cette nuit.

Je vois un tout petit point noir comme un nid posé au-dessus d'une falaise. Je me dis à ce moment-là qu'il doit y avoir un chemin. Eh bien non ! Une heure et demie plus tard, nous nous retrouvons au pied d'un immense rocher, et la seule voie d'accès est une escalade de plus de 80 mètres à pic. Les Grands Mulets se méritent. Ce refuge a été épargné par le temps, il est comme il devait être dans les années soixante. La bière y est brassée et bonne. Il dispose de la plus belle bibliothèque de montagne, des rangées de petits et grands livres à couverture rouge. Deux dortoirs, une salle de réfectoire avec des tables, des chaises en bois, des nappes à carreaux, un cuisinier népalais : le vrai luxe. Il doit être 13 heures et nous partirons dans douze heures pour démarrer notre ascension. Épuisé, je fais une petite sieste.

Vers 15 heures, je retrouve Ruby dans la salle à manger. Il est en discussion avec le maître des lieux. Ils parlent de la fermeture presque inévitable de cet îlot d'authenticité. Notre hôte n'a pas le contact facile et c'est tant mieux. Comme son antre, il se mérite.

Il me propose une bière et nous laisse.

— C'est incroyable, ici, merci !

— Je savais que ça te plairait.

Je bois une longue gorgée, la bière est douce et fraîche.

— J'ai repensé à notre discussion d'hier, sur l'importance des mots.

Il sourit.

— Eh oui, Adam. Le verbe, toujours lui, depuis le commencement…

Il m'invite à trinquer :

— Au verbe !

— Au verbe !

« Au verbe ! » reprend notre cuisiner.

— Tu vois, dans tous les conflits, tu peux appliquer la même logique. Il faut comprendre les mots, les conséquences des narrations officielles, les motivations des belligérants.

— Tu parles de narration, mais il y a quand même des vérités indéniables.

— Ah, qu'est-ce qu'une vérité, Adam ? Un fait représente-t-il la même chose pour toi que pour moi ? Bien sûr, il y a des dates et des actions qui sont ce qu'elles sont.

Il retourne la carte du massif, prend un crayon et sans vraiment lever la main, avec des petits mouvements de poignet recouvre l'aiguille du Goûter de tout petits points gris.

— Ces faits, ce sont les points, mais entre eux existe la masse d'actions individuelles des hommes et leurs motivations. Ici (il montre les espaces blancs), il y aura toujours une part importante de points de vue. Avec la distance du temps, nous les historiens, nous tentons de comprendre l'ensemble avec le maximum d'informations, de nous faire une opinion qui ne soit pas influencée par l'évolution de la morale de la société, et c'est ça qui est devenu une mission impossible.

Il a incliné sa tête vers la table.

— Une vérité officielle part toujours de faits, certes, mais elle se construit aussi peu à peu par des manuels scolaires, des décisions de justice, les médias, et c'est pourquoi l'esprit critique est si important.

Je commence à comprendre où il veut en venir. Dans la guerre d'Algérie, toutes les forces créatrices de narration ont taillé vers la simplicité.

— Tu adorais ce métier. Tu as changé la vie de tant d'élèves…

— Ce que l'on nous demande est devenu impossible. On veut que les lycées soient comme des McDo avec ce même slogan, surtout « Venez comme vous êtes ! » (Il ouvre grands ses bras.) Mettre en avant la pluralité culturelle. Et en même temps, il faut défendre l'unité de la République et ses valeurs universelles. On fait comment, dis-moi ?

— Tu ne vas quand même pas me dire que tu abdiques ?

— Écoute, pour moi, il est trop tard, le problème est trop complexe et l'hypocrisie l'aggrave. Oui, quand on vient d'un territoire qui a été conquis et administré par un pays où l'on fait le choix de s'installer ensuite, c'est particulier. Ça a forcément des conséquences. Comment nier que les enfants de l'immigration coloniale et post-coloniale charrient des mémoires qui sont particulières et qui travaillent forcément la société française ? Leurs émotions ne sont pas malsaines. Ce qui l'est, c'est de les faire reines. Moi je pense qu'on a apporté à ces gosses la pire des réponses.

— Comment ça ?

— Ces gamins ont un ressenti, la pire des choses était de leur dire : « Oui les gars, vous avez raison de haïr ce pays, tout ce qu'ont fait la France et tous les Français sur la terre de vos grands-parents ne constitue qu'un crime ignoble et inexcusable. » Quand, en Algérie, le futur président en campagne a exprimé que la colonisation était un crime contre l'humanité, il a agi comme le narrateur de la Bible. Oui, Adam, en une dizaine de mots ne laissant aucune place à la nuance, il a mis le feu à la conscience collective et rendu toute réconciliation impossible.

Un vent fort souffle sur les vitres.

— Mon rôle de prof était d'aller chercher la connaissance. En général, quand on fait ça, on se rend compte que finalement les deux camps ont des raisons profondes d'agir comme ils l'ont fait et surtout des torts. Mon objectif premier était l'émancipation de mes élèves, tu sais, les aider à construire un rapport critique au monde, à l'opposé d'une éducation de slogan. En trente-cinq ans de carrière, j'ai tout vu : le début des problèmes liés à l'immigration, les mauvaises solutions, les lois votées en cachette puis abrogées sous la pression, les lâchetés, le « padevaguisme ».

Son regard est triste. Il a prononcé ces dernières paroles d'une voie monotone que je ne lui connaissais pas.

— À quelle heure vous voulez le petit déjeuner ?

— 23 h 45, pour un départ au plus tard à minuit trente.

Je regagne le dortoir qui est vide, me force à boire un demi-litre d'eau. Sur l'étagère, au-dessus de ma tête, un tube d'aspirine sûrement oublié et un exemplaire de *Martin Eden* en format de poche. Je vais mécaniquement à la page de son suicide par noyade comme pour m'assurer que ces mots qui m'avaient transpercé étaient les mêmes. Jamais personne pour moi n'a aussi bien exprimé l'instant des instants : « Et tout au fond il sombra dans la nuit, ça il le sut encore : il avait sombré dans la nuit. Et au moment même où il le sut, il cessa de le savoir. » Je m'endors en pensant à cette dernière étincelle.

Redescendre cette falaise dans la nuit noire, c'est quelque chose. Je glisse et réalise que Ruby a raccourci la corde : il me touche presque, suivant mes pas comme une ombre. Tout est dans la tête. Savoir que je ne risque rien. La confiance en lui me donne confiance en moi. Mon rythme cardiaque est redescendu, je regarde autour de moi, à travers le rectangle de lumière blanche de la lampe frontale. Je me sens léger et serein. Les alpinistes disent souvent que la nuit on a moins conscience du danger. Pendant environ une heure, nous traversons le glacier. Je tombe dans une crevasse. Pas vraiment de crainte pour mon intégrité physique, même si les conneries de Michelle ont fait leur chemin. À un mètre cinquante en dessous de la surface avec les jambes dans le vide, il faut gérer. Encore une fois, Ruby a laissé la parfaite distance de corde. Pas trop courte pour éviter que nous traversions ensemble un pont de neige et pas trop longue non plus pour limiter la chute. À ce moment-là, je ne crains pas pour ma vie, mais je sais que je vais payer cher chaque effort. Je reste calme en essayant d'être le plus efficace possible pour me sortir de ce trou. Je sens la pression sur la corde que met Ruby pour m'aider. Je donne un coup de maillet sec et profond, pousse avec mes crampons, puis les coudes. À peine debout sur la glace, je sens la corde autour de la taille qui me tire en avant. Je fais presque un bond. Nous avons assez perdu de temps. Le premier de cordée impose le rythme. Ruby a une horloge dans la tête, son obsession : ne pas subir le dégel au retour.

Après ça, nous attaquons l'arête. La pente se redresse jusqu'à 40 degrés, la neige est dure. Les crevasses ont le mérite de donner du rythme, elles sont changeantes. L'arête, elle, est le royaume du néant, une pente blanche sans horizon. Je suis certain à ce moment que je n'y arriverai pas. Non, je ne tiendrai pas, cela fait à peine deux heures et je suis déjà à bout de force. Ruby le sent, il me voit tituber. Je sais qu'il ne prendra pas le moindre risque. Nous décidons de faire une pause toutes les heures. Elles deviendront des balises. Je m'y accroche, pour l'honneur : tenir jusqu'à la prochaine, voilà mon seul but. Tenir, encore une heure, une toute petite heure, après on verra. Je souffre de tout mon corps et pour la première fois de ma vie, je sens que j'ai le souffle court et que je ne peux rien y faire. Quelle affreuse sensation.

Je me hais d'avoir accepté, je me parle tout seul ou plutôt je m'insulte: « Mais pour qui tu te prends d'être venu ici si mal préparé! » « Pourquoi tu te fais ça? Tu pourrais être à Nothing Hill avec un Old fashion! » Je donnerais n'importe quoi pour être chez moi, reposé et au chaud, et pourtant je sais qu'à la seconde où je serai redescendu, je n'aurai qu'une seule hâte, c'est recommencer. En attendant, je m'accroche comme je peux. J'essaie de prendre le maximum d'air et de dépenser le moins d'énergie. Je cale mon esprit sur ma respiration.

Je suis obsédé par mes pas. Allez, encore un, même minuscule. Il n'y a que cela qui compte. Le corps qui hurle dans la répétition du mouvement pousse à la méditation. La montagne est un univers de paradoxes, et parmi les nombreuses raisons de l'aimer, je pense que ce sont les contradictions qu'elle charrie qui me poussent à la tutoyer depuis vingt ans. Il y a d'abord le paradoxe de ces petits pas, posés l'un après l'autre pour dépenser le moins d'oxygène par des hommes qui en général ont des capacités physiques au-delà du commun. Je pense aux Frison-Roche, Herzog, Barmat qui ont enduré mille morts pour conquérir l'impossible et qui pourtant ont toujours eu l'humilité ancrée au plus profond d'eux, car ils savaient que, là-haut, l'enfer peut se déchaîner à tout instant et que, finalement, à part nous-mêmes, nous maîtrisons peu de choses.

Paradoxe de la solitude et de la fraternité. Nous avançons seuls, dans la nuit, au lever du jour, sous la chaleur, trop exténués pour dire un mot, économisant gestes et paroles, toutes nos forces mentales et physiques tendues vers le déroulement de nos pas.

Paradoxe de l'ambition d'un sommet et de l'obsession de ce petit pas. Juste encore un petit, et puis un autre, sans penser à la fin. Il faut tenir encore un peu, ne surtout pas dérouler le long chemin qu'il reste, seul le prochain pas compte. Il faut voir un alpiniste avancer à 4 000 mètres, il ne marche pas mais lévite, c'est presque une danse au ralenti.

Paradoxe de descendre si bas dans la peur et le doute, et de monter si haut dans l'adrénaline et la satisfaction.

Paradoxe de l'absolu et du dénuement.

Et puis vient cet instant où la montagne entière change. Loin derrière nous, le jour se lève, couvrant d'orange les séracs alentour. Il est 5 heures et un minuscule noyau de feu annonce que c'est possible.

Un point incandescent qui s'élargit dans notre dos, poussant le ciel et projetant de chaque côté une épaisse ligne lumineuse qui embrase la blancheur. Les rayons naissants agissent sur moi comme un phare dans la nuit ; même usé, titubant, je peux y arriver.

Je continue ainsi, ancré dans le présent par le mouvement de mes pieds, mais si loin d'eux, à la fois profondément en moi et dans le grand ailleurs. Au col du Dôme de Goûter, nous retrouvons la civilisation. Un peu étrange de revoir des hommes. Une horde d'alpinistes traverse notre trajectoire de gauche à droite, une espèce de procession silencieuse et bien couverte. Nous avons peu à faire pour atteindre le refuge Vallot et nous reposer un court moment sous la tôle, à l'abri du vent. C'est au pied de ce refuge que des crampes au ventre me paralysent. Je ne sais plus si c'est un mal de crâne qui me donne envie de vomir ou l'inverse, en tout cas je n'en peux plus. Physiologiquement, je sais très bien ce qui se passe. Je n'ai plus d'énergie et mon sang abandonne les fonctions subalternes pour affluer vers les organes vitaux. Tout pour le cœur et le cerveau, tant pis pour les intestins. Je me hisse en zigzaguant, et appelle dans ma tête ma grand-mère à l'aide. Je vois son visage se former dans la neige, et le mal disparaît aussitôt. Et enfin, l'apothéose, on est alors convaincu en foulant ce sommet en forme de dôme qu'il n'y a rien en ce monde qui ne puisse être accompli par la volonté.

Les choses ne s'emboîtent finalement pas si mal : si j'avais été en bonne condition physique, je n'aurais pas pris conscience de la puissance de l'esprit humain.

C'est ici, oui, que j'ai senti que je pouvais tout faire, que mon esprit était capable du meilleur comme du pire, de soulever mon corps en lambeaux jusque-là et de m'enfoncer là-bas. Oui, j'ai le sentiment que tout est possible, mais c'est un leurre de croire qu'il y a une solution à tout et pour tous là-haut… Je redescends comme je suis monté avec les mêmes emmerdes et des crampes en plus.

Quand nous arrivons à bout de forces aux Mulets, dans l'ordre, j'enlève mes chaussettes, bois un litre d'eau, appelle mon père. Comme souvent, il veut mettre la caméra, il est si heureux et n'a pas envie de raccrocher. C'est à 2000 m d'altitude dans cette baraque en bois perchée sur une falaise que je lui parle de son Algérie. Il revient toujours à mon ascension et moi à Georges, Mamo, Journet et quelques autres. Il ne se souvient de presque rien. En deux mois de recherches, j'ai l'impression d'en savoir plus que lui.

XX

J'arrive à Londres en fin d'après-midi. J'ai du mal à marcher et plane encore. Tout le monde est dans le salon. James croit voir le mont Blanc dans le ciel, Michelle est soulagée et Julia encore là. Je reçois des messages d'amis de mon père comme si j'étais le premier mec à marcher sur la Lune. Il est obsédé par cette ascension et l'a crié sur Instagram, ce qui n'a pas échappé à Julia.

— C'est reparti comme en 40 avec ton père !

Michelle mime un cœur qui bat avec ses mains en se foutant de moi avant de quitter la pièce.

— Tu le connais. Avec les exploits sportifs, il est juste fier…

— Vous avez réglé vos histoires, alors ?

— Quelles histoires ?

— Je parle du bain de sang aux Salins, les hurlements et les insultes à Michelle, tu as oublié ?

— Bien sûr que non, mais le temps efface les choses et c'est tant mieux…

— C'est quand même très chaud ce qui s'est passé ce jour-là.

— Oui, c'était violent.

Je sors marcher avec ma chienne, l'air est glacial, la nuit déjà noire. Évidemment que je n'ai pas oublié cette journée, comment le pourrais-je ? C'est mon monde qui s'est écroulé sur cette plage.

Il y a, à Saint-Tropez, une route principale pas très large qui part de la ville, longe la baie et termine sa course sur un muret arrondi qui surplombe une plage que j'ai toujours l'impression de redécouvrir. Elle semble être un petit bout de terre entre la Méditerranée et l'Atlantique. À l'est, un peu de Bretagne et de roches sauvages, à l'ouest, l'eau la plus transparente que cette région peut offrir. Il y a là-bas ce petit restaurant avec ses chaises et ses tables en bois bleu. Il fait partie de ces lieux qui résistent encore à cette modernité vulgaire qui ravage tout. Quand je suis dans ce petit bout de Provence qui survit, je me dis que nous pouvons encore être sauvés.

Il faut savoir qu'il existe deux Saint-Tropez avec des styles de vie, des architectures, des lieux et des gens différents. J'ai toujours trouvé que ce petit village était un catalyseur d'époques. Début XIXe, le règne des émotions suscitées par la beauté de la nature. C'est la découverte de Maupassant avec son bateau *Bel Ami* qui accoste ici. Ensuite viennent l'élégance et la liberté de Colette, puis Sagan filant pieds nus en Jaguar. Peut-être l'âge d'or dans les décennies soixante et soixante-dix avec la Nouvelle Vague. Des gens beaux, brillants, subtils, vivant librement au bord de l'eau.

Mes premiers souvenirs en dehors du cercle étroit de l'école, des parents, des amis et surtout de Mamo, datent des années 1990. C'est à cette époque que j'ai été projeté dans le monde et, *a posteriori*, les choses étaient alors assez simples. Les stars faisaient vraiment des grandes choses : il y en avait peu, mais elles occupaient toute la place. Jackson et Madonna pour le show, Jordan pour le sport. Le bling-bling naissait, mais les valeurs de cette société étaient basiques. Ici aussi, le vent des années 1990 et celui du fric ont commencé à souffler, mais ça restait bon enfant, les gens se mélangeaient. Mick Jagger jouait aux boules avec des potes pêcheurs. C'est à partir des années 2000 que la fracture s'est vraiment produite. Oui, les deux Saint-Tropez sont devenus deux camps qui ne se parlaient plus.

Mon père m'a fait remarquer un truc un jour :

— Tu vois que Saint-Tropez est en train de changer juste en regardant les portails. Avant, les plus belles maisons en avaient des simples, en bois ou en fer forgé, maintenant c'est *Star Wars*…

J'ai vu le changement avec les bagnoles. Jusqu'à mes vingt ans, sur ces routes, nous ne croisions que des vieilles Méharis, des Mini Moke, ces toutes petites jeeps imaginées par l'armée britannique pour disposer d'un véhicule léger parachutable, une pièce de collection. Puis les SUV ont fait leur apparition. Des rectangles massifs tout noirs, climatisés, aux vitres teintées, conduits par des chauffeurs agressifs en costume moulant prétendant protéger des groupes de gens mal élevés dont tout le monde se foutait. Il faut bien visualiser la rencontre d'un Viano Mercedes avec une Mini Moke sur une étroite route sauvage… le choc des cultures. Avec la guerre en Ukraine, il est légitime de dire que tout est la faute des nouveaux riches russes. Certains de ces oligarques avec leur hubris et leur absence de goût ont certes une part de responsabilité dans la propagation du laid, mais le mouvement était déjà en place. Je n'ai jamais compris ces gens qui voulaient à tout prix passer du temps dans des lieux rendus uniques par leur mélange d'élégance, de beauté et de simplicité pour finalement les massacrer à coups de vans aux vitres teintées, de magnums de Cristal, d'hélicoptères et de portes blindées.

La route et la plage ont le même nom, les Salins. Il m'a accompagné toute ma vie. C'est ici que j'ai marché et nagé dans la mer pour la première fois avec Mamo. À un kilomètre au large, il y a une petite île en forme de tête de chien que nous avons baptisée ainsi. La tradition veut que les enfants deviennent des grands s'ils parviennent à l'atteindre. Avec un de mes amis, que je retrouvais tous les ans, nous nous sommes lancés l'été de mes douze ans, comme ça d'un coup, sans en parler à personne. Nous étions si fiers d'avoir touché le bord. Mais cela ne changeait pas grand-chose, finalement, d'être un grand. Nous avions tout donné pour l'aller sans penser au retour… Comme nous semblions statiques dans l'eau, le petit bateau pneumatique des Salins est venu pour nous repêcher à 300 mètres du rivage. Je n'ai pas voulu monter à bord, je me disais que ça ne compterait pas si je ne revenais pas par moi-même. Le type avait été enfant ici, il a compris l'importance de ces défis et il est resté à côté de moi le temps de mes dernières brasses. Quand je suis arrivé au bord du rivage, mon père était debout et agité, ma mère juste derrière tentait de le calmer. Il a marché à grands pas vers moi, j'ai cru que j'allais m'en prendre une. J'ai entendu ma mère lui dire : « Ne lui gâche pas ce moment » et il m'a serré la main.

— C'est bien, ça fait loin. Tu es un petit homme.

Ce n'était pas la première fois que ma mère me défendait. Un soir, je ne sais plus quelle connerie j'avais encore faite – je devais avoir quatorze ans –, alors que je rentrais, et qu'ils ne m'entendaient pas, je les ai surpris en conciliabule à mon sujet. Et là, je dois dire « bravo » à ma mère pour sa créativité : impossible de contrer son argument.

— Je comprends que tu sois énervé, mais rappelle-toi sa naissance. Il était donné pour mort et tu m'as dit : « Je veux juste qu'il vive et qu'il soit en bonne santé, juste ça, même très con, même moche, même bon à rien. Juste en bonne santé, je ne demande rien d'autre. » Tu as été largement exaucé, alors lâche-le un peu.

Je sais que, pour beaucoup, ces mots auraient nécessité une longue et douloureuse analyse, mais moi, ça m'a détendu. Je n'avais presque rien à faire pour lui plaire. Malheureusement, ce sentiment a duré moins de vingt-quatre heures.

Encore une fois, ma mère jouait ses meilleurs rôles : le tampon et le pansement. Je la regardais avec gratitude.

Je débutais toujours la journée aux Salins. J'y allais très tôt le matin avant même que l'installation du restaurant ne commence. Pendant des années, je m'y rendais seul. Je nageais souvent longtemps et prenais un café là-bas avec le journal ou un livre. J'avais chaque fois l'impression d'assister à la naissance du premier jour.

À force de me voir partir et revenir si heureux, mon père, qui pourtant aimait enchaîner les coups de fil de son lit jusqu'à midi, a décidé de me suivre. Depuis, il y va tous les matins. Les Salins sont donc devenus un petit rituel familial. Nous nageons, discutons, souvent de politique. Vers 10 heures, d'autres habitués nous rejoignent et la journée commence sous les meilleurs auspices. Avant même d'arriver, je sais comment va être la mer et donc la nage. D'huile ou hachurée, ronde ou juste plate, transparente ou trouble, avec ou sans algues. J'ai plusieurs itinéraires, mais depuis quelques années je vais au rocher de la pointe à droite. Les gens l'appellent d'ailleurs le rocher d'Adam. Je m'arrête là-bas et respire lentement en contemplant le large. Il y a peu de choses qui me rendent aussi heureux que les matins assis en tailleur, immergé sur ce caillou, je me sens comme le premier homme.

Ce matin-là, tout semblait aligné. En m'engouffrant route des Salins, j'ai senti la chaleur de la mer qui relâchait son sel dans l'air. Je savais que je la retrouverais toute ronde et d'une couleur de pétrole. Je suis entré dans l'eau heureux comme je ne l'avais pas été depuis longtemps. La veille, j'avais organisé un événement qui me tenait particulièrement à cœur. Une exposition de design dans le lieu que SOHO occupait en ville. J'avais sélectionné des designers contemporains et d'autres plus anciens qui avaient marqué les années 1950. Peut-être inspiré par Michelle, j'avais donné une part importante aux Brésiliens. J'aimais leur travail du bois, les objets simples qu'ils créaient à partir de matériaux purs suivant des courbes nettes. La rencontre entre la simplicité et la plus grande des originalités. Pour célébrer cette inauguration, nous avions ensuite donné une réception chez nous. La beauté de cette nuit, le mélange des gens, l'élégance simple des femmes, l'esprit de liberté qui gonflait avec la sensualité de la musique, je ne pense pas avoir organisé de plus belle fête. C'était pour moi plus qu'un événement artistique et commercial. J'avais le sentiment pour la première fois d'avoir fait coïncider toutes les passions et obligations qui me tiraillaient. J'avais depuis longtemps ce désir de rendre ce village poétique à nouveau, de lutter contre le ravage du vulgaire. Sur les coups d'une heure, nous nous sommes croisés avec mon père et accoudés, côte à côte, sur la rambarde de la terrasse. Je me rappelle lui avoir dit : « Cela fait longtemps que je n'ai pas été si heureux. » Je ne pense pas lui avoir jamais fait une telle confidence.

En m'enfonçant dans la mer ce matin-là, je savourais cette réussite, profitant de chaque instant. Il n'y a que la Méditerranée qui me fasse cet effet. J'aime sa couleur, son odeur, sa texture, quand son eau me recouvre, je me sens dans mon pays. Je ne nage que le crawl, car l'alternance entre le monde du silence et le réel crée un état méditatif bien particulier. En glissant vers la pointe, je revoyais les scènes marquantes de cette soirée et je me projetais dans l'après. Le monde m'appartenait.

À 50 mères du bord, devinant mes parents à une table à côté de celle qu'occupaient Michelle, James, Julia et quelques amis, j'ai immédiatement compris. Comme un parent qui veut fuir l'annonce de la mort de son enfant, j'ai voulu moi aussi me tenir à distance de cette déchirure du réel. J'ai ralenti mon rythme. Tant que je ne revenais pas sur la terre j'étais encore dans ce moment de grâce que j'avais tant attendu. En sortant de l'eau, j'ai fait comme si je ne comprenais pas. J'ai croisé le regard noir de mon père qui allait avec ses traits tirés. Le visage et le corps ne faisaient qu'un. Tout n'était que tension.

Sous le soleil du midi, j'ai senti un vent glacial me transpercer les os.

— Pourquoi vous n'êtes pas assis avec Michelle ?

— Demande à ta femme.

La phrase avait giclé vers le sable comme un crachat. Derrière, Michelle était mutique et immobile, le visage caché par de larges lunettes noires. Mon fils jouait entre les deux tables espacées d'à peine deux mètres.

— Qu'est-ce qu'il s'est passé ?

— Qu'est-ce qu'il s'est passé ?!

Il a dû répéter ça de plus en plus fort au moins cinq ou six fois.

— De ma vie, tu m'entends bien, de ma vie je n'ai jamais été traité de la sorte.

Je sentais le scandale gonfler et j'avais honte. Ma mère hochait sa tête en acquiesçant.

— Elle nous voit arriver et elle nous dit à peine bonjour. Elle ne nous propose pas de nous asseoir avec elle et notre petit-fils. Qui on est, nous ? Où est le respect ? Jamais je n'accepterai ça, tu m'entends ?

Je suis allé voir Michelle, assise au milieu de nos amis, qui faisaient semblant de ne pas avoir vu qu'un drame se jouait. En marchant vers sa table, j'entendais mon père.

— Mon petit-fils, mon petit-fils… Il est là et je ne peux pas jouer avec lui.

Ça ne tenait bien sûr qu'à lui, mais dans sa logique, il y avait maintenant une barrière qui les séparait. Je me suis approché de ma femme, me baissant à son niveau, un genou dans le sable. J'ai posé mon bras autour d'elle, je sentais tout son corps qui tremblait. Julia me regardait, elle était estomaquée. Michelle n'arrivait plus à se contenir, de larges larmes coulaient sur ses joues. Elle répétait en boucle et en désordre qu'elle n'avait rien fait, que ce n'était pas juste, et qu'elle se sentait humiliée. J'entendais, mais aucune parole n'était audible. Un calque noir s'est posé sur cette baie, sur ce restaurant, sur la mer et les rochers. Sur nous. Je ne voyais plus la lumière blanche des Salins, que du noir. Je ne sais pas si Michelle attendait des réponses, si mes parents attendaient que je revienne vers eux. Je ne pouvais émettre aucun son. J'ai senti un poids vieux et lourd m'enfoncer dans le sable et, soudain, j'ai eu l'impression que ce corps immobile accroupi à côté d'une chaise n'était pas moi. Nous étions deux, mon corps et moi, et j'étais sans emprise sur ce corps replié. Je suis resté ainsi de longues minutes sans répondre aux gens qui me parlaient.

Mes parents se sont presque immédiatement barrés sans même nous regarder. Ils avaient dû attendre mon retour du rocher pour bien marquer le coup. Comme je leur en voulais ! Pas pour leurs motivations, d'être déçus ou en colère, mais d'avoir mis ce noir sur la clarté de cette matinée sans réconciliation possible. Dans la vie, combien sont bénis et rares les jours qui réunissent trois générations dans un éden le lendemain d'une belle fête. Il avait placé la famille dans sa dimension dynastique au-dessus du reste. Il n'avait qu'à se baisser pour cueillir les fruits juteux du bonheur. Les astres étaient alignés pour simplement jouir de la vie, cette vie qui peut tout nous reprendre en un instant. Ce matin-là, nous étions comblés et mon père avec la complicité de ma mère a jeté ce bonheur. Moi qui visais l'harmonie, mon rêve d'unité se fracassait.

Jamais je n'aurais cru qu'un tel coup viendrait de lui. Et encore moins ici sur cette plage, mon temple. J'ai tenté comme un con d'arrondir les angles. Dès que je suis remonté à la maison, je suis allé le voir. Cela faisait déjà un certain temps que je me sentais tiraillé entre ma famille et Michelle, une balle de ping-pong usée allant d'un côté à l'autre sans répit. J'ai même, et je le regrette, poussé Michelle à s'excuser.

— Si tu avais été un homme, je t'aurais mis mon point dans la gueule.

Il n'y a que lui qui pouvait faire une telle réponse.

J'ai eu le droit à un tonnerre de reproches et d'insultes. Oui, c'est parti très fort tout de suite.

— C'est ta vie, tu fais ce que tu veux, mais moi je t'aime trop pour être le témoin de cette déchéance.

Il avait enchaîné en me crachant des expressions imagées dont il était le créateur telles que : « Tu mets le deuil sur tout ce que je fais » et j'en oublie sûrement beaucoup d'autres. Nous nous sommes quittés là-dessus.

Putain, la vérité, je la connaissais. Pour le commun des mortels, faire un signe de la main ou de la tête en guise de bonjour, ça passe très bien quand on habite dans la même maison et qu'on va se croiser vingt-deux fois dans la journée, mais pour mon père, et pour moi aussi je dois dire, c'était une marque profonde d'irrespect. Chez lui, il fallait suivre ses règles et le bonjour devait être une chaleureuse embrassade avec idéalement une petite conversation à la con. Combien de fois je m'étais énervé contre Michelle pour qu'elle fasse un minimum d'efforts. Elle, de son côté, n'avait pas eu de famille, ne comprenait pas vraiment pourquoi j'étais si proche de la mienne, et surtout pourquoi elle devait adopter des comportements qu'elle n'avait jamais eus avec personne. Elle était en plus au cœur de cette dépression dont je n'avais pas encore pris conscience. Je pense maintenant que le clash entre ces deux mondes était inévitable.

Il aurait fallu que mon père se dise : « Cette femme est la mère de mon petit-fils. Elle vient d'une culture différente, elle n'est pas comme j'aimerais qu'elle soit, mais il y a plus grave. » Ou même lui parler, lui expliquer comment lui ressentait les choses. Mais non, Pierre Fier n'aime pas les compromis et encore moins sur son territoire : ils sont la marque des faibles. Rien pour comprendre et désamorcer les conflits, juste des actions violentes jusqu'à la bascule.

Jamais je n'aurais cru que moi aussi, son fils, je subirais un jour un tel niveau de violence, celle dont on ne sort pas indemne.

XXI

Revivre cette journée me fait mal. Des scènes et des sensations désagréables remontent par vagues. Les mauvaises pensées se nourrissent d'elles-mêmes et là, assis à mon bureau, face à la fenêtre, c'est un peu comme si un vortex s'était ouvert au-dessus de moi pour filtrer le négatif. Peut-être parce que je me dis qu'il faut aller au fond de ces sensations, accepter toute leur charge émotionnelle, me prendre tout encore une bonne fois dans la gueule. Je décide de regarder *Les Grandes Familles*. Quand j'ai commencé à travailler avec mon père, il me citait souvent cette adaptation du livre de Druon. Gabin, son charisme, son autorité naturelle, ses manteaux croisés à large revers, les grands restaurants français et leurs rituels, c'était tout ce qu'il aimait. Il n'y avait pas de doute possible : s'il y avait une projection à faire, il était Gabin, le patriarche. Le problème est que, dans ce film, ça finit très mal pour le fils.

Denys de La Patellière joue magistralement cet héritier ambitieux mais gâté, et un peu abruti, qui veut moderniser l'entreprise familiale. Il prend son paternel pour un vieux con et c'est l'erreur à ne pas commettre.

La vérité est qu'il n'a pas le pragmatisme de son géniteur et ne fait que des conneries qui vont jusqu'à mettre toute la famille en danger. Gabin, comme un crocodile, attend son heure, laisse faire et quand son fils est vraiment au bord du gouffre, il reprend les choses en main. Il voulait donner au fiston une bonne leçon, mais les bons sentiments arrivent trop tard, et cela finit par un suicide. Le jour où j'ai découvert ce film, je n'étais pas à l'aise. Je ne pense pas que mon père y ait attaché plus d'importance que ça mais il m'est longtemps resté dans le crâne. Le message était clair : il faut toujours respecter l'expérience, écouter le patron. Lui sait. En regardant à nouveau ce film, je me dis que c'est fou ces petits mythes qui se créent, s'incrustent dans les relations familiales, se transmettent par la parole ou par non-dits et nous influencent de générations en générations. C'est comme cette histoire que mon père m'a souvent racontée. Un cousin éloigné à l'époque de la Grande guerre avait voulu user de l'influence de sa famille pour éviter d'aller au combat. Lorsque son père l'a su, il a envoyé son fils volontairement en première ligne. Je pense que ce type ou cette histoire n'ont jamais existé, ou en tout cas pas comme ça. Là aussi, ce qui compte, c'est le symbole. Ce qui importe, c'est ce que cette anecdote dit de nous et nous fait faire, pas l'histoire en elle-même et sa véracité. Quand mon père me la raconte, il ne me dit pas « tu te rends compte, ce malade a fait buter son fils », non, il me montre que rien n'est plus important que l'honneur et le devoir. Ça veut dire : « Nous, les Fier, on ne déserte pas. » Voilà à quoi servent ces mythes, à ancrer des règles.

Je m'endors au moment où la famille se retrouve à la campagne.

Quand j'ouvre les yeux à 7 h 05, j'ai déjà trois appels en absence et un message de mon père :

> *J'ai repensé à l'Algérie, ce ne sont que des blessures qui ne cessent de saigner.*
> *Des souvenirs au tréfonds de ma mémoire qui se refusaient à moi.*
> *Alors, si tu veux savoir, je vais te raconter. Les choses reviennent, en fait. Je me rappelle beaucoup de choses.*
> *Tu viens quand à Paris ?*

Après ce message, beaucoup d'autres suivent sur l'Algérie. Il m'envoie comme ça des photos, des bribes de mots, des histoires. Lui qui est si organisé me lance ça en vrac, sans thème ou chronologie. À moi d'y mettre de l'ordre. Quelques jours après, je le retrouve à Paris, au bureau. J'entre dans la pièce, il est là assis sur une table en jeans et baskets, une large écharpe nouée autour du cou. Il devise avec deux jeunes designers sur la finition d'un pied de chaise. Je reste silencieux. De toute façon, rien ne pourrait le déranger. Ce morceau de bois à cet instant est la chose la plus importante au monde pour lui.

Son assistante m'aperçoit et me dit bonjour ; alors, seulement, il lève la tête dans ma direction.

— Ah, Adam, quelle heure est-il ? Déjà 13 h 30 ! Je n'ai pas vu le temps passer. Il faut que je te montre les prototypes que l'on a reçus et on va déjeuner.

Sa passion est intacte : tout pour la création. J'admire sa vitalité, son sens du détail et sa créativité. C'est ce souffle qui a porté cette boîte.

On marche de la rue de Sévigné à la place des Vosges. L'air est glacial, mais sec, et le ciel bleu.

— Ça, c'est le temps parfait pour acheter des meubles. On va faire une bonne journée…

Il marche d'un pas rapide avec ses baskets roses qui contrastent avec le sol. Un manteau épais et croisé qui amplifie sa carrure. En semaine, quand nous déjeunons ensemble à Paris, c'est toujours dans le même restaurant, à la même table chez Ma Bourgogne, place des Vosges.

Sous les arcades de la place, il ralentit et me prend le bras.

— Alors, tu veux savoir des choses sur l'Algérie ? Je vais te raconter…

Après avoir plaisanté avec chaque serveur qu'il croise, nous nous asseyons et il commande une entrecôte.

— Surtout bien rassise !

— Évidemment, monsieur Fier.

— Et mettez-nous aussi des poireaux et une petite salade, mais seulement si c'est Aimé qui la mélange.

Il pète la forme.

— Ça fait longtemps qu'on ne s'est pas vus, alors on va se prendre une petite bouteille de vin. Mettez-nous votre bordeaux.

Il sait que je ne bois pas beaucoup, il n'a probablement pas non plus envie de picoler, mais je pense que la symbolique du père et du fils réunis par une belle journée de ciel bleu lui insuffle un esprit de célébration et c'est tant mieux.

— Le père de Mamo est mort très jeune, donc c'est sa mère Elisa qui est devenue la matriarche, une femme forte. Après, mon père a pris le rôle de chef de famille. C'est chez elle que tout a commencé, j'ai grandi là-bas.

Il me trace le plan de la maison sur la nappe en papier.

— Tu vois, on entrait par là. Un très beau hall. Et puis, ici, une cuisine, tout de suite à droite avec des larges carreaux jaune pâle et rouges, un peu comme ceux que l'on a à Saint-Tropez.

Il semble se parler à lui-même :

— Je n'ai jamais réussi à trouver les mêmes.

Il fait un geste au serveur pour qu'il laisse le vin s'oxygéner.

— Et en face de l'entrée, sur la gauche, un grand salon ottoman meublé à la turque. De l'autre côté, en enfilade, une immense salle à manger. Les deux pièces donnant sur une très grande terrasse avec une vue plongeante sur la baie d'Alger.

Il pose son téléphone sur la table et me montre une photo avec sa mère sur cette terrasse.

— J'allais oublier, dans l'entrée, il y avait aussi un escalier très imposant menant à l'étage. Plusieurs chambres, dont une avec un trumeau représentant une scène d'anges. À gauche, donnant sur la terrasse, il y avait la grande chambre de maman Élisa. Sous le perron, l'entrée du garage et une cour.

Il s'arrête et me regarde comme pour s'assurer que je vois bien ce que lui voit. Il ne m'avait jamais parlé de cette période de sa vie, est censé ne rien se rappeler et il me fait une visite virtuelle de cette maison qu'il a quittée il y a presque soixante-dix ans comme un agent immobilier de luxe qui l'aurait montrée à des acheteurs potentiels le matin même. Je m'étonne surtout d'une chose : mon père n'est pas un homme prétentieux et je ne l'ai jamais entendu employer tant de superlatifs. Tout là-bas était immense, grand, imposant et beau. Il continue la visite :

— Tu vois, on entrait dans la maison en traversant un jardin planté de citronniers. Sur la droite, on accédait par un chemin en pente à des petites chambres qu'elle devait louer à des Arabes. Au bout, il y avait une porte qui donnait accès à des escaliers en terre descendant vers la ville. Je me souviens qu'on empruntait ce chemin avec Mamo pour aller chez sa couturière, une madame Couvan, une vieille dame habillée en noir, dans une maison sombre avec beaucoup de photos jaunies au mur, dont une représentant un spahi à cheval – certainement son mari. J'étais intrigué et en même temps très mal à l'aise. Cette atmosphère ne correspondait pas à mon univers. Elle faisait les trousseaux de mariées. Dans la même rue, il y avait une boutique d'accessoires. Parmi tous les tissus, ne me demande pas pourquoi, je me souviens d'un tissu noir avec des fleurs rouges. Qu'est-ce que je peux te dire d'autre ?

Je trouve étrange qu'après tout ce temps, toutes mes questions, son père mort assassiné, il ne me parle que de cuisines, d'escalier et de tableau d'anges.

— Tu sais, le café en poudre que je fais acheter à Marrakech avec cette machine en bois que l'on doit tourner, eh bien c'est pour ça. Le matin montait jusqu'à l'étage l'odeur du café. Founa, la domestique, le moulait entre ses cuisses. Elle avait une jupe bariolée et elle brisait les grains. J'ai en mémoire cette scène et cette odeur. Pour moi, c'était la sécurité. La sérénité, la beauté, la force de la famille. Cette cuisine avec ses grands carreaux rouges et jaune pâle. Oui, tout le bonheur de mon enfance était dans ces carreaux.

Il parle doucement, ses yeux semblent s'embuer.

— Il y avait aussi la terrasse. On y accédait par un petit escalier qui partait du premier étage. Elle était entourée de murs très hauts.

Il s'arrête, regarde vers la table et soudain relève la tête.

— Ah, oui, et le blanc ! Que c'était beau !

— Quoi, le blanc ?

— Pour la fête de pourim, Mamie Elisa faisait le blanc des galettes dans une grande bassine. Elle disposait sur des planches à linge les galettes qu'elle badigeonnait avec le blanc. Il y avait tout un procédé. Les galettes étaient descendues à la cuisine, le blanc n'étant pas sec, et on disposait les graines de décoration. Je ne te l'ai jamais dit, mais un jour ta femme à Marrakech nous a fait un gâteau et il y avait le même glaçage avec la même décoration et pour moi ça voulait tout dire. Je t'explique : chaque famille alors avait sa signature. Pour nous, ça n'était que des grains argent, très sobres. Tu comprends, c'était un peu comme un blason.

Il boit une gorgée de vin.

— C'est peut-être de là que me vient la rigueur dans la décoration.

Il a un large sourire et se rapproche de moi.

— Moi, au milieu de cette famille choyée par les femmes… qui m'appelaient « chéri », j'étais heureux, le centre d'attention. Et brusquement, tout s'effondre.

Il a dit ça d'un trait, sans tristesse, en contrôle. Comme pour éviter d'entrer dans la douleur, il enchaîne sur quelque chose de plus léger. Je sens qu'il veut rester le maître de sa narration et ce n'est pas le moment d'être triste. Il y avait eu un avant, un paradis, et c'est lui qui voulait me le dévoiler.

Le serveur dépose les poireaux et la salade sur la table.

— Ça, c'était ma vie à Alger, et après, il y a eu le bonheur des virées le week-end ou les dimanches.

— Vous alliez où ?

— Le samedi, nous déjeunions en famille et, ensuite, c'était une petite sieste l'après-midi. Le dimanche, balade en Oldsmobile. L'hiver, cette voiture était le plus souvent dans un garage. L'homme de confiance de mon père faisait un feu de bois sous le moteur pour chauffer le diesel.

Il met un morceau de poireau dans sa bouche et prend le temps de le mâcher.

— Toi, tu serais devenu fou avec Oran et surtout la route pour y aller. Les grandes joies, c'était au printemps. Nous filions entre les champs de blé ocres parsemés de points rouges, les coquelicots. On chantait « Gentil coquelicot, mesdames ».

Il rit presque.

— Mamo cueillait du blé pour le faire sécher et elle le mettait au-dessus des miroirs. Paraît-il que ça apportait le bonheur…

Il hausse les épaules et se sert un peu de salade.

— Je nous revois tous les trois dans cette voiture, écoutant les chansons de Mouloudji.

Il fredonne *C'est le temps des cerises…*

— Mon père nous amenait dans un restaurant espagnol, Chez Thomas. Tout était incroyablement bon et le cadre ressemblait dans mes souvenirs à une vieille taverne. Ensuite, on allait en dehors d'Oran séjourner au Canastel, une auberge au milieu d'une forêt de pins qui descendait jusqu'à la mer. Là, il m'apprenait à mettre des pièges pour attraper des grives. Imagine une forêt qui va jusque dans la mer. Où peux-tu voir ça? Il n'y a pas de plus beau pays. Je pense que ma passion des restaurants *à la française* vient de là, des virées avec mon père. Il adorait la bouffe, l'art de la table. En Algérie, il y avait une très grande culture culinaire. J'ai ressenti là-bas l'exception française comme nulle part ailleurs. Quand nous restions à Alger tout le dimanche, nous allions en famille au Phoenix avec les frères de mon père. L'ambiance était feutrée, élégante. Il y avait aussi La Madrague. Cette plage ressemblait aux Salins. Tu sais, la photo de Mamo et Georges, assis sur des chaises en bois au bord de la mer? Elle a été prise là-bas. Ah oui, il y avait aussi ce bistrot sur la route de Saint-Eugène dont j'ai oublié le nom. Je me souviens du chef avec sa grande toque, du soufflé au Grand Marnier.

— Tu étais souvent avec ton père ?

— Oui. Je me souviens de temps avec lui seul. Il y avait aussi tous nos moments dans son garage. J'allais jouer sur son terrain à Al Bliar. Il y avait toujours un mec avec un turban qui le gardait, et à l'intérieur une véritable caverne d'Ali Baba. Des roulottes, des pneus d'avions. Un jour, je suis monté tout en haut d'une pile, elle devait faire cinq mètres, et je suis tombé à l'intérieur des pneus. Ils ont mis des heures à m'en sortir, mais je n'étais pas inquiet, je savais que mon père me tirerait de là. Il faisait des aller-retour, toujours accompagné d'un Arabe en sarouel et turban, un homme de confiance avec qui il parlait dans sa langue à voix basse. Tu vois, c'était assez simple. En dehors de la maison, j'étais tout le temps avec lui, comme toi avec moi, quand tu avais dix ans. Il m'emmenait dans les salles de ventes acheter des antiquités. On en a pas mal à Saint-Tropez. Mais la plus belle pièce, une table entièrement sculptée, a été prise par ma sœur à la mort de Mamo. Cette table a été présente pendant toute mon enfance et après chez Mamo. C'était un objet rare.

— De son vivant, vous avez toujours habité chez ta grand-mère ?

— On a d'abord vécu chez elle et après on a déménagé rue de Lyon au-dessus du café Lion d'Or tenu par des Corses, M. et Mme Court. Moi, j'allais à l'école Luto. Les hommes jouaient à la belote. Le soir, on mangeait la mélasse et des noix avec des dattes.

Il porte le verre de vin à ses lèvres.

— Une belle vie…

— Et à part la famille, la vie avec les autres ?

— C'est dur à imaginer aujourd'hui, mais en Algérie il y avait une atmosphère très particulière. Les communautés étaient très fermées sur elles-mêmes, fortes de leurs traditions, ancrées dans leurs histoires respectives, mais d'un autre côté elles étaient habitées par un sentiment patriotique très fort. Oui, pour tous ces Français d'Algérie, les Juifs, les Espagnols d'Oran, il ne fallait pas toucher au drapeau tricolore et donc sous les auspices de la nation, elles cohabitaient très bien.

— Et les Arabes ?

— Les Arabes, là-bas, étaient des sous-citoyens.

Il me dit ça comme une évidence.

— Et ça ne vous dérangeait pas ?

— *A posteriori*, si, bien sûr. Ils n'avaient pas les mêmes droits que nous, mais à l'époque je ne m'en rendais évidemment pas compte. Ma conscience politique est venue bien plus tard, quand j'étais étudiant à Nanterre et que j'ai pris part aux mouvements trotskistes, que je passais mes soirées à la librairie Maspero. Je voulais que tous les peuples du tiers monde s'extraient de leur misère et se libèrent de l'oppression.

Il se ressert un verre, ce qui est très rare chez lui.

— Mon fils, je ne vais pas te mentir et c'est horrible à dire aujourd'hui, mais quand je pense à ma vie là-bas, eh bien, je revois tout : les maisons blanches, la mer bleu foncé, les rochers orangés… Eh bien, je ne sais pas si je ne vois pas également les Arabes comme une partie du décor de mon enfance. Je n'arrive pas à faire la part des choses…

— Et aujourd'hui, tu en penses quoi ?

— Dès le milieu des années soixante, j'ai compris et adhéré aux idées indépendantistes.

Il me regarde droit dans les yeux.

— Franchement, comment ne pas le comprendre ? 50 % des Arabes d'Algérie se nourrissaient d'herbes et de racines. Tu te rends compte de l'horreur ? On enlevait aux paysans leur production à bas prix et ils devaient racheter leur blé au prix fort, ce qui était impossible. L'Algérie était une terre de misère pour la majorité des Arabes. Cette injustice n'avait pas de nom. Toute la France aurait dû s'insurger et changer le système.

— Et pourtant, avec ta famille vous en profitiez, non ? Sans ça, pas de Founa qui mout le café et d'homme au turban qui suit ton père comme une ombre…

— Que veux-tu que je te dise ? Je ne vais pas avoir honte des souvenirs d'un enfant de dix ans. Et puis, la vraie misère était dans les campagnes. En ville, à Alger, Oran c'était différent. Notre famille était proche des Arabes, donc je n'ai jamais senti… (il cherche ses mots) d'oppression ou de soumission. Que nous étions supérieurs à d'autres.

— Pourtant, en droit, vous l'étiez.

— Oui.

Il se gratte le bas du menton.

— Maintenant que tu me parles de ça, tu devrais en parler avec Corine. Tu sais que les deux sœurs de Mamo étaient membres du Parti communiste algérien. Elles ont d'ailleurs été arrêtées par la police française.

— Non, je ne le savais pas.

— Corine s'est même mariée avec l'un des dirigeants du PCA, un Arabe de Blida, un dur qui n'a jamais balancé personne, même sous la torture. Ça m'est arrivé de le croiser chez nous. Il venait se grimer en « israélite ».

Je me rappelle la jeune sœur de ma grand-mère et son mari qui m'impressionnait, enfant. Il est maintenant mort et je regrette de ne pas l'avoir mieux connu. Il était passé dans ma vie en restant à la périphérie.

— Comment on se déguise en Juif?

— Il était dans la clandestinité et, avec sa peau foncée, il ne pouvait passer pour un Français lambda. Alors il s'est fait faire des faux papiers avec un nom juif. Il poussait le détail jusqu'à porter un ruban de deuil à la boutonnière. Que dirais-tu d'un petit baba au rhum?

Il le commande au serveur avec une grimace sympathique à la de Funès qui le fait sourire.

— Tu sais, en France, depuis des années, on nous gonfle avec ce « vivre-ensemble » qui n'existe pas. Eh bien, je vais te dire une chose: il y a peu de pays qui ont autant de petits groupes qui se haïssent les uns les autres. Dans les grandes villes d'Algérie, cette expression pouvait s'appliquer à merveille. C'est peut-être là-bas qu'a eu lieu une des seules expériences de mélange de communautés qui a vraiment fonctionné pendant un temps.

— Et pourquoi ça a autant foiré alors?

— Je te l'ai dit, le système était trop injuste pour les Arabes. Ça devait changer.

Le baba est devant nous. Sans dire un mot, mon père a une expression irritée car le serveur n'a pas apporté la bouteille de rhum. Il n'en rajouterait probablement pas, mais la tradition exige qu'un baba se déguste avec une belle bouteille de rhum à côté, et ne pas l'avoir gâche son plaisir. Quand soudain Aimé nous apporte la petite cruche avec un rhum maison.

— Désolé, les amis, plus personne ne nous la demande.

— Ça change tout.

Il me regarde.

— Vas-y !

Il se sert une large part.

— Ce sont les grands colons qui ont creusé la tombe des pieds-noirs.

Il prend le temps d'apprécier chaque cuillère.

— Ils n'ont rien voulu lâcher, ces ordures. Ils avaient leur quotidien, leurs habitudes. Ils étaient une poignée à vivre en autarcie, avec leurs courses de lévriers. Ils ne voyaient personne d'autre. Oui, le racisme était cette distance silencieuse et autoritaire entre eux et les autres, leur manière de vivre, sans vouloir se mélanger, cet instinct de supériorité répugnant et ne reposant sur rien, leur mépris. Ils possédaient la plupart des terres agricoles du pays et exploitaient les paysans arabes. Ces abrutis n'ont même pas eu l'intelligence de comprendre qu'en lâchant un peu ils resteraient quand même très riches et puissants, et surtout que c'était la seule manière pour que cette implantation d'une population européenne sur une terre islamique survive. Non, ils voulaient tout et ils ont tout perdu, ces cons. (Il se recule sur sa chaise.) Nous n'avions rien à voir avec ces gens-là. Moi, toute ma vie je me suis senti pied-noir et je suis fier de ces origines. Oui, mon fils, j'aime notre culture si empreinte de l'esthétisme français et de la générosité d'Orient. J'aime cette élégance propre aux rives de la Méditerranée, c'est de là que nous venons.

Il nous sert deux verres de rhum. Mon alcool préféré… Le liquide épais et chaud descend dans ma gorge. Un goût de sucre sur les lèvres. Je n'aurais pas pu être plus en phase avec lui. Toute ma vie j'ai senti en moi cette culture qui tirait sa richesse de ses contrastes. Souvent, je me suis heurté à une condescendance, voire un mépris pour les pieds-noirs en général et les Juifs d'Orient en particulier. C'est vrai, au mieux ils ont pénétré l'imaginaire collectif comme ces êtres sympathiques et volubiles de *La Vérité si je mens*, au pire, ils sont simplement rayés de l'histoire. Pas un mot sur l'élégance ou la culture pied-noir. Qui connaît la librairie Charlot ? Je trouvais cela injuste, mais au fond je n'étais pas vraiment touché. Le fait d'avoir été le récipiendaire de ces traditions qui mêlent questionnements de l'esprit aux jouissances de la vie m'avait finalement donné beaucoup de distance. C'est nous que j'enviais. Quand on a connu la cuisine et les dîners de ma grand-mère ou ceux de mes parents, beaucoup de choses par la suite semblent ternes.

Oui, je suis à la fois un fils de la France et de l'Orient. Je ressens la solitude de la pureté du désert et les couleurs d'une culture baroque. La littérature française est ma patrie, la Méditerranée mon logis, elle me semble le berceau de l'âme humaine et la source de toute la beauté des choses. Hériter d'une partie de ce monde, c'est avoir en soi pour toujours un morceau d'été.

— Il est presque 16 heures. Il faudrait quand même retourner au bureau…

XXII

J'ai marché longtemps ce jour-là. J'avais retrouvé par petits bouts ma relation avec mon père, et cela me rendait heureux. La réponse à toutes mes questions était là, dans cette Algérie de la fin des années 1950, dans ses souvenirs d'enfant, dans ce paradis qu'il s'était créé et qu'il s'est épuisé toute sa vie à tenter de reconstruire.

J'étais quand même intrigué par cette histoire de tantes communistes proches des mouvements indépendantistes. Je me disais que partout où il y avait des combats, il pourrait y avoir un lien avec la mort de Georges. J'ai appelé mon cousin, le fils de Corine, la sœur de Mamo. Il n'avait pas beaucoup plus d'informations que celles déjà trouvées sur internet, alors j'ai envoyé un message à Ruby. Dans les vingt minutes, je recevais un très long article sur mon grand-oncle. Je suis entré dans le parc des Tuileries, puis je me suis assis sur un banc dans l'allée sableuse qui longe la rue de Rivoli.

C'est vrai que ce n'était pas un type commun, mon grand-oncle. Il avait constitué des groupes armés communistes à Oran qui réalisèrent plusieurs opérations de sabotage. Ces hommes apportaient aussi un soutien logistique au FLN notamment par l'acheminement de combattants dans les maquis. L'article se terminait par un communiqué de son avocat qui se composait pour la plus grande partie d'une lettre qu'il avait lui-même écrite durant son incarcération. Il fut arrêté le dimanche 27 octobre 1957 vers 17 h 05, à Oran, par la DST. Il a décrit la torture dont il fut victime à la villa Ker Claude, siège local de la sûreté du territoire et où il fut immédiatement conduit pour être interrogé. Comme il ne donna aucun nom, ni ceux des gens qui l'avaient hébergé et aidé, ni ceux des militants clandestins du PCA, il fut dirigé à l'étage supérieur, dans un bureau qui servait de salle de torture. « Assez grande, elle abrite deux bureaux (tables et chaises) séparés par une porte. Dans cette porte est encastré un petit panneau. » C'est là qu'était dissimilé l'appareil de torture à l'électricité. À gauche de la salle se dressait une longue table sur laquelle était étendu un matelas de toile, bourrelé, du genre de ceux qu'on place sur les lits de camps. Toujours mutique, mon grand-oncle fut contraint alors de se mettre nu et de s'allonger sur la table. Il fut ligoté aux quatre coins et on lui attacha le ventre avec une sorte de ceinture juste avant de lui bander les yeux. Dans son discours à Jean Moulin, Malraux fait honneur aussi aux combattants qui ont cédé devant la douleur physique – j'avais trouvé cela très noble de les faire revivre de sa voix profonde. Lui avait tenu.

Je n'ai vu cet homme que peu de fois, c'est donc avec le visage que je lui ai connu dans les années 1990 que je l'imagine dans cette salle sombre à l'histoire dégueulasse.

Nu et seul face à la souffrance, tentant comme il peut de la contourner. À quoi a-t-il dû penser ? Peut-on encore penser, les sens altérés par le noir du bandeau quand la douleur devient insupportable ?

Son récit est d'une précision clinique. Il ne cherche pas à hystériser, encore moins à attirer la pitié, non, il rapporte dans une langue simple ce qu'il a vécu. J'apprends que la torture à l'électricité s'accompagnait de coups au creux de l'estomac et d'asphyxie à l'eau. Chaque fois que la manivelle de la dynamo tournait, un inspecteur lui enfonçait son tricot de peau dans la bouche pour étouffer ses cris et l'étouffer tout court. Quand la dynamo s'arrêtait de fonctionner, le même inspecteur ou un autre enlevait le bâillon et versait de l'eau dans la bouche et les narines jusqu'à l'asphyxie. J'imagine l'horreur de cette noyade provoquée les yeux bandés. Combien de fois a-t-il dû se dire qu'il allait crever dans le noir sur cette table avec ces lâches autour de lui.

À la fin de cette déclaration, il y a un message politique qui est également un message d'espoir. Je le retranscris tel quel.

> *Sans vouloir dénigrer la justice française, le même appareil qui condamna Dreyfus ne l'acquitta-t-il pas plus tard ? (et ce résultat ne fut-il pas une grande victoire du peuple français ?), permettez-moi, en tant que patriote et communiste algérien, de placer ma foi d'abord dans les institutions démocratiques que mon peuple saura se donner dans un avenir proche, et ensuite dans*

la volonté, chaque jour grandissante, du peuple français de faire échec à ceux qui le déshonorent par des pratiques barbares. Cette volonté, j'en suis sûr, finira par triompher, sauvegardant ainsi les liens fraternels et bénéfiques pour tous que, du peuple égal à égal, nous serons amenés à nouer librement. »

Ce mec a été humilié et torturé. À poil, il avait les mains et les chevilles attachées, les yeux bandés et il commence sa déclaration en précisant qu'il ne veut pas dénigrer la justice et la termine par une main tendue ! C'est possible, ça ? À sa place et à la place des siens, je ne suis pas certain que j'aurais pu trouver cette force d'aller vers la réconciliation. Des scènes tout aussi sordides, peut-être encore plus cruelles, seraient sans doute racontées par les rescapés des geôles du FLN, si tant est que l'on pût en réchapper. Quand les hommes se font la guerre, il y a toujours trop d'horreurs. À moins qu'elle soit conduite par des machines, il ne pourra jamais y avoir de guerres sans viols et tortures. La guerre fait ressurgir la barbarie, la violence d'un camp amplifiant celle de l'autre. Le salut ne peut se trouver que du côté des hommes de bonne volonté, ceux qui savent que la vérité est nuancée et comprennent les motivations du camp d'en face. Des êtres qui, même lorsqu'ils subissent dans leur chair la violence de l'autre, parviennent encore à voir dans leurs ennemis une part d'eux-mêmes.

J'aurais aimé discuter avec lui, savoir s'il avait pris ses distances avec ses potes du FLN quand il a compris qu'une fois au pouvoir, ils n'avaient pas vraiment mis en place les institutions démocratiques qu'il attendait. Comme il a pris la décision d'habiter en France, je pense donc que oui. J'appelle Ruby. Je lui dis que je trouve quand même étonnante l'histoire de la famille de ma grand-mère. Je ne sais pas pourquoi, mais je m'étais placé de son point de vue à elle. Un mari tué par un terroriste du FLN au pied de l'immeuble de son comptable dont le fils était à l'origine de l'OAS. Deux sœurs communistes dont une mariée à un Arabe, haut responsable communiste et soutien du FLN.

— Franchement, c'est du Shakespeare, lui dis-je.

— Non, une famille française, me répond Ruby.

Mon père a continué à m'envoyer des flots de WhatsApp sur l'Algérie. Des liens de sites, des captures d'écran, articles, photos… Une semaine après, je pense, c'est ma mère qui m'appelle. Comme souvent, la conversation commence par :

— Tu m'appelles vraiment que quand tu as quelque chose à me demander…

— Mais non, Maman, tu sais bien que ce n'est pas vrai. Et en l'occurrence, c'est toi qui m'appelles.

Je sais parfaitement que c'est sa manière de me dire qu'elle en veut plus : plus de gentillesse, de douceur, de temps et elle n'a pas tort. Quand je suis de passage à Paris chez eux, même si elle a quitté les lieux il y a plusieurs semaines, je sais que je trouverai la table de la cuisine bien rangée, les petites choses dont j'ai besoin quotidiennement. Ce n'est rien, mais c'est tout. Personne d'autre ne fait ça pour moi et je sais que personne ne prendra le relais quand elle ne sera plus là. Alors, oui, notre relation n'est pas équitable, et elle a sûrement raison de me faire ces reproches. Je n'ai pas l'impression d'être particulièrement attentionné avec elle, en tout cas pas autant qu'un fils devrait l'être. Je me le dis souvent, je fais l'effort et puis une certaine distance revient. Je ne sais pas si nous avons une quantité limitée de temps et d'émotions à offrir à nos parents et que mon père l'accapare toute, ou si je ne parviens pas à la sortir de son rôle d'intermédiaire et d'organisatrice. Ou peut-être est-ce une défense par anticipation, de me dire qu'entre son mari et ses enfants, elle choisira toujours mon père.

— Ça remue ton père, cette histoire d'Algérie, je l'ai vu pleurer comme ça, d'un coup, ce matin.

Tout le mode de fonctionnement de mes parents est résumé dans ces quelques paroles. Il ne peut pas me dire simplement lui-même que ce passé enfoui qui remonte le bouleverse, et ma mère encore une fois fait l'intermédiaire, et moi je ne sais pas quoi dire.

— Oui, ça doit être quelque chose tous ces souvenirs qui ressurgissent, mais c'est bien aussi…

— Tu veux lui parler ?

Évidemment, il est juste derrière elle.

— Oui, s'il a quelque chose à me dire…

— Tu as quelque chose à dire à Adam ?

Je l'entends à quelques centimètres.

« Va-t-il à la bar-mitsvah de Ruben ? »

— Bien sûr que oui, c'est mon neveu et mon filleul.

— Avec ce satané virus, on ne va pas pouvoir venir. Surtout, tu l'embrasses fort pour nous. Je suis sûr qu'il comprendra.

Comme le veut la coutume, c'est un jeudi que mon neveu lit l'Ancien Testament. J'ai un attachement particulier à ce gosse. Il était sur mes genoux quand le rabbin docteur que l'on appelle « mohel » l'avait circoncis, accomplissant un geste hygiénique qui symbolise surtout l'alliance des hommes avec leur Dieu. C'est lui qui nous avait apporté notre anneau de mariage à la mairie, à Michelle et moi. Au-delà de ces événements sur lesquels il n'avait pas eu vraiment de prise, j'aimais simplement la personne qu'il était depuis le tout début. Ma sœur y avait contribué pour beaucoup, je ne connais pas de meilleure mère. C'est une chose particulière de voir le caractère d'un enfant se mettre en place et de sentir vers quoi il va tendre. Lui, très tôt, a entretenu un rapport assez fort avec l'idée de justice, en étant dans la mesure.

J'arrive dans cette petite synagogue de la rue Montevideo. Il est face à moi ; une allée nous sépare. Depuis quelques années déjà, il me fait penser à Yves Saint Laurent par sa finesse et son élégance naturelle. Il m'adresse un grand sourire. Pour ne pas déranger l'office, je m'assois à la première place libre en bord de rangée quand je croise le regard de ma sœur qui me fait des signes de la main pour que je m'installe au premier rang. Il va bientôt lire en hébreu son passage de l'Ancien Testament : la ligature d'Isaac. Peut-être les lignes les plus terribles de la Bible, puisque c'est là que Dieu demande à Abraham d'égorger son fils. Je l'ai relu hier. Je regarde le rituel de la sortie du rouleau de textes bibliques se mettre en place. La voix de l'officiant monte, deux hommes ouvrent le rideau en velours bordeaux qui le protège.

Il a une diction parfaite, avec la voix caillouteuse des adolescents. Il porte la Torah qui repose sur son épaule pour la faire toucher aux gens présents. De retour à sa place, bien droit derrière son pupitre, il prononce un petit discours inspiré de ce passage.

— Mes chers amis, que nous apprend la ligature d'Isaac ?

Mon neveu nous explique alors qu'Abraham a été éprouvé dans sa foi et qu'il faut aller aussi loin que possible pour montrer sa dévotion et ainsi créer une alliance éternelle entre les hommes et Dieu. Pour tisser un lien immuable, il faut donc manifester par des actes son amour et son respect. Il précise quand même que Dieu n'aurait jamais laissé Abraham aller jusqu'au bout. Il nous rappelle ensuite que c'est en souvenir de cet acte fondateur qu'à chaque nouvelle année dans toutes les synagogues du monde, les Juifs soufflent dans une corne de bélier, animal qui remplaça Isaac sur le mont Moria. Nous l'appelons « shofar ». Je ne connais pas de son plus profond que celui-ci, il y a de la matière dans ces ondes. Il semble aspirer les corps, absorber l'environnement et se diluer dans les esprits. J'aime l'entendre. Un son grave et monotone, qui soudain m'englobe et aussi une succession de petites tonalités que je ressens dans chaque partie de mon corps. Un langage de l'âme, une supplique de l'humilité des hommes.

Quand je pense au son du shofar, ce n'est ni Abraham, ni Isaac que je vois, mais mon père. Le jour du Grand Pardon, alors que le jeûne de cette journée d'introspection touche à sa fin, dans les synagogues, le shofar résonne longtemps pour la bénédiction des pères sur les fils. Chaque patriarche recouvre de son talit, un châle religieux blanc à franges, sa descendance et aussi les hommes venus seuls. Émus et humbles sous la puissance de ce souffle, les fils presque front contre front avec leur père sous ce voile blanc – qui me rappelle à quel point cette religion vient d'Orient – sentent leurs mains chaudes et bienveillantes sur leur tête. Oui, corps à corps avec son père, sous un voile, qui laisse deviner d'autres hommes dans la même communion, le temps s'étire. Il faut regarder au travers de ce voile, pour bien comprendre, l'esprit centré sur sa famille et le monde en pointillé. Il y a quelque chose de solennel et de mystique, de personnel et de séculaire. À ce moment, tous les lieux de prière juifs du monde entier ne sont plus qu'un immense voile blanc. Je ne sais pas ce que mon père pense alors, je sais juste qu'après ça, il va toujours embrasser la plaque qu'il a érigée à la mémoire de ma grand-mère. Moi, en général, j'alterne entre des images du passé et la situation actuelle. Je pense à notre chance d'être une année encore ensemble et à ma grand-mère qui doit être heureuse de nous voir comme ça, l'un bénir l'autre, dans l'ordre des choses. Ce moment a longtemps fait partie des événements de l'année que je considérais comme immuables, il était là à une date précise à quelques jours près vers la fin de septembre et c'est tout. Cette bénédiction existait pour moi comme existe une institution, une journée repère, qui structure le temps. Avec mon départ à Londres, ma famille qui s'est construite, j'ai arrêté de revenir. La simplicité avec laquelle nous détruisons ce qui était des fondations me fait peur… c'est la rançon de la liberté. Nous sommes les gardiens de ce que nous voulons garder, encore faut-il bien faire le tri et ne pas jeter de trésors.

Ruben a fini son discours, et ma sœur invite les convives à se rendre dans l'arrière-salle. À côté de moi se trouvent deux hommes qui semblent être des fidèles.

— La responsabilité aussi.

— Quoi, la responsabilité ? dit l'autre.

— Ce passage montre que les pères ont un pouvoir de vie et de mort sur leurs enfants, physique et symbolique. Il nous appartient donc à nous, les pères, de savoir cela pour peser nos mots et nos actions.

Je partage cette analyse. L'homme plus à gauche l'interrompt :

— Ce point est intéressant, mais c'est quand même un acte religieux fort. C'est là que tout commence. Ce texte parle de la foi avant tout.

— N'oublie pas le titre du passage, la ligature, pas le sacrifice ou l'épreuve, non, la ligature.

Il lève l'index en répétant plusieurs fois ce mot.

— Les liens qui entravent le fils et qui ont été noués par le père, tout est là.

Je pense à la méthode Ruby pour analyser les textes bibliques et je profite de la fin de la cérémonie pour intervenir.

— Et l'avant ? Et l'après ?

— Oui ? Qui êtes-vous ?

— Excusez-moi, Adam Fier, l'oncle de Ruben.

— Félicitations.

— Merci. Désolé, je n'ai pas pu m'empêcher de vous écouter et je pensais à quelque chose…

— Je vous en prie, allez-y.

— Voilà : après ça, Abraham et Isaac débarrassent le sol, ils reprennent cordes et couteau et rentrent chez eux. Nous sommes d'accord ?

— Je suppose, oui.

— À aucun moment, ils ne reparlent de ce qui s'est passé. Il est écrit noir sur blanc que le petit était ligoté et que son père avait son bras tendu tenant un couteau. « Abraham bâtit l'autel et disposa le bois puis il lia son fils Isaac et le mit sur l'autel par-dessus le bois. » Isaac a vu cette lame dans la main de son père mais, une fois debout, ils n'en parlent pas, ni juste après, ni durant le chemin du retour. Non, pas un mot. De vous à moi, imaginez la discussion avec Sarah à leur retour. « Ça s'est bien passé votre petite virée ? — Oui top. »

Les deux fidèles me regardent avec des yeux écarquillés.

— Je ne voudrais pas être trop familier, mais avoir un père qui veut égorger son fils et qui l'attache, ce n'est pas rien. Ils auraient pu en parler, tout peut s'expliquer. Abraham aurait très bien pu dire à Isaac : « Dieu m'a mis à l'épreuve, mais je savais très bien qu'il m'arrêterait à ce moment-là. » Ou même : « Excuse-moi, mon petit, tu as dû avoir vraiment peur. Je t'aime plus que tout, mais j'aime quand même plus notre Dieu. Il m'a demandé de te tuer et dans sa grande miséricorde il a eu pitié de nous. » C'est un peu limite, mais ça a le mérite d'être une explication.

L'homme le plus proche de moi semble sceptique.

— La Bible relate les événements importants, on ne voit évidemment pas tous les actes de vie.

L'autre le coupe :

— Ce qui n'est pas écrit peut être aussi important que ce qui l'est.

Je lui laisse à peine le temps de finir sa phrase :

— Voilà, et après cet événement père et fils ne se disent rien. Vous vous rendez compte ? Ils taisent leurs sentiments forcément différents.

Les deux réfléchissent.

— En ça, il crée le premier secret de famille de l'histoire. Peut-être que la ligature, ce sont les liens du père et du fils dans le secret d'un vécu qui n'est pas le même.

Nous marchons vers la salle de petit déjeuner et je les entends derrière moi deviser encore sur les différentes interprétations. J'embrasse chaudement et longtemps mon petit neveu qui me dépasse quand même de trois têtes.

Ma sœur s'avance et nous prend en photo :

— J'ai organisé un déjeuner à la maison juste pour les enfants. Si tu as le temps, on peut prendre un café à côté.

— Oui, ce serait bien.

Ces moments de vie importants sont souvent propices aux réconciliations. Ils semblent même faits pour ça. Ceux qui sont au centre des attentions voient leur rancœur apaisée d'être considérés, et ceux qui ont fait l'effort de venir ne sont pas là pour en découdre. Si l'hôte est un minimum hospitalier, cela coule tout seul. Il en est ainsi en général pour les grandes célébrations de famille, mais pas avec ma sœur. Je suis heureux d'avoir été là pour Ruben, mais je ne peux m'empêcher de penser au dernier épisode. Ce qui aurait dû être un jour de bonheur a été tout le contraire. Son mariage fut le tombeau de notre relation. Je ne sais pas comment on a pu en arriver à ce carnage, mais c'était une scène à la *Game of Throne* avec le château, les fleurs, les trahisons, le sang et les morts en moins.

C'est très étrange, ce beau jour aurait pu être l'occasion d'oublier les ressentiments, voire de pardonner, mais non. Durant ce week-end, j'ai eu la sensation d'un liquide froid qui se répandait. Ce fut le pire jour de ma vie. Bien sûr, tout n'était pas idyllique avant. Nous étions arrivés à un point où, en tout cas selon moi, je ne savais même plus pourquoi nous nous parlions à peine. Quelque chose était cassé, certes, mais nous étions une famille et je pensais alors que nos relations allaient bien finir par se réchauffer. Le motif de notre dernière brouille ne pouvait être la raison de cette déconfiture ; il y avait, je le sais aujourd'hui, quelque chose de bien plus profond. Je lui avais fait part, quelques mois plus tôt, de mon souhait d'écrire pour un journal et elle ne l'avait pas supporté. Sa réaction m'avait marqué par sa violence et l'incohérence de ses arguments. Non, le journalisme, c'était son territoire à elle et il n'était pas question que je m'y aventure.

Le problème est que ma sœur fait partie de ces gens qui s'aiment un peu trop pour accepter des passions tristes comme la jalousie. Bref, rien de vraiment grave ni de nouveau depuis Abel et Caïn, des choses finalement assez fréquentes dans les fratries. Je me disais qu'à part l'obsession de son nombril, il n'y avait pas tant d'obstacles entre nous. Ça aurait pu en rester là avec une discussion franche. J'étais persuadé qu'en nous invitant à son mariage en dépit de la situation, elle souhaitait apaiser les choses. Avec ma femme enceinte de James, nous avons fait le chemin de Londres à Avignon et mes parents, eux, depuis Saint-Tropez. J'étais certain que s'y joueraient des retrouvailles chaudes et sincères, qui rendraient heureux ma sœur et mes parents.

Une chaise de piscine dans un coin, voilà à quoi je résume ce mariage. Oui, un coin où mes parents étaient assis, au bord d'une piscine, et où ma sœur a consciencieusement évité de se rendre. Ils étaient là, mais à côté, hors-jeu, comme des parias. C'était le mariage de leur fille, ils auraient dû en être les principaux acteurs et ils n'ont même pas eu de mauvais rôles, juste celui de figurants. Même en ce jour, elle n'a pas pu les placer un peu plus au sud de son cœur.

Je me suis forcé à faire bonne figure, restant avec eux le plus souvent possible. J'attendais la suite, j'étais sûr que cela ne pouvait pas continuer ainsi : elle allait bien venir leur dire un mot. Dans ma grammaire, une telle situation n'a pas de sens. J'avais l'impression que ce n'était plus un mariage mais un traquenard. Chez nous, il y a une tradition importante, celle de la chaise : les hommes proches de la famille portent à plusieurs les mariés et leurs parents, frères et sœurs. Ce fut le cas pour son mari. Nous, personne ne nous a portés. Ma mère me l'a souvent dit par la suite : « Tu te rends compte, personne ne nous a fait la chaise. »

Peu de choses sont plus douloureuses que de voir souffrir les gens qu'on aime. Ils étaient en lambeaux, je comptais les minutes pour me barrer. Je me sentais sale comme jamais, un maillage d'aigreur et d'esprit revanchard qui me collait à la peau. Il a fallu attendre d'être assis dans le train du retour pour enfin me sentir libéré. Je n'oublierai jamais ce jour horrible qui marquera à jamais l'histoire de notre famille.

Comment en sommes-nous arrivés là ? Pendant des années, elle a été ma grande sœur, cette fille aux cheveux auburn qui dormait sur le lit au-dessus du mien. Que nous le voulions ou non, nous partagions l'écrin des premières années de notre vie, cette enfance où tout se joue. Nous avons une mentalité différente, mais tant de points communs : l'obsession de la liberté, l'appel du large, le mouvement. Jeunes adultes, il nous arrivait souvent de partir en vacances avec des amis communs et naturellement, nous nous retrouvions tôt le matin dans des maisons encore endormies et nous commencions notre journée ensemble. Il y avait nous et les autres. Comment a-t-on pu en arriver là ? Je me suis longtemps interrogé pour trouver le point de départ, l'élément déclencheur qui a fait tout basculer, bien avant ces histoires d'articles. J'ai beau chercher, je ne vois rien qui mérite tant de violence. Je remonte au-delà de ma mémoire, j'imagine sa vie, les années et les mois qui ont précédé ma naissance. Comment était-elle, la toute petite Élise avec ses parents ? Nous avons presque cinq ans d'écart, c'est beaucoup cinq ans. Mon fils a deux ans, cela fait déjà une petite vie, à lui seul avec nous. Ma sœur a eu plus de deux fois ce temps avec ses parents, il s'en est passé des choses avant que j'arrive, c'était légitime pour cette fillette de ressentir que je lui prenais une part de son monde. Son récit, je le connais. Elle hurle qu'elle a été victime toute sa vie d'une injustice, celle d'avoir un frère qui lui était préféré. Je ne le crois pas, bien au contraire, mais je ne me permettrais pas de lui nier sa réalité. Nous ne serions pas les premiers membres d'une fratrie à avoir des réalités subjectives différentes. Ce qui me pose un problème en revanche, c'est sa volonté de nuire, cette obsession constante à faire mal. C'est une chose de souffrir, et de tenter de s'en sortir avec ce que l'on a, c'en est une autre de vouloir blesser.

Dans le train de retour de ce mariage, je me dis qu'entre nous les dés étaient jetés, que ce n'était qu'une question de temps en réalité. Elle ne pouvait pas voir ma gueule depuis ma naissance et les bons moments ne constituaient finalement que de courtes trêves. Quoi que je fasse, je devenais l'adversaire. D'aussi loin que je me souvienne, elle m'a toujours envoyé des piques d'intensité variable. Je me suis souvent demandé si elle ne se rendait pas compte de son agressivité ou si, au contraire, elle en avait pleinement conscience mais la trouvait légitime. On ne devrait pas avoir à se poser ces questions sur sa sœur.

J'avais ça en tête quand nous nous sommes assis dans le coin de ce petit café. Il est midi, assez tard pour un coca zéro.

— Merci d'être venu, c'était important pour Ruben.

— C'est normal, c'est mon filleul.

— Il a dû être si content de te voir…

— J'espère.

— Montre-moi des photos de James.

Je fais défiler les photos de ces derniers mois. Il y a également des photos de nos parents. Son visage se crispe quand elle les voit.

— Oh là là, il est si craquant ! C'est Michelle craché, mais il a tes yeux.

La conversation devient poussive, nous avons épuisé les thèmes tolérés. En fait, nous avons tellement de tabous qu'à part les gosses et la météo, il est difficile de trouver un sujet de conversation. On ne peut pas parler de ce que je fais, de mes parents… Un blanc s'installe vite.

— Et comment va Michelle ?

— Un peu dur l'après-grossesse, mais ça va.

— Elle m'a raconté le drame à Saint-Tropez. Comment tu as pu laisser faire ça, sérieusement ? Il est de pire en pire, c'est horrible ce qu'il lui a fait.

Ah, nous y sommes ! Elle en a mis du temps !

— Écoute, Élise, je ne vais pas parler des rapports de Michelle avec nos parents. Je pense que toi et moi, on a assez de sujets qui nous concernent.

Elle se déchaîne aussitôt. Je connais son visage qui ne parvient plus à cacher ses émotions profondes. La bouche serrée, les traits tirés vers le bas, et la voix plus aiguë. Michelle lui a fait son plus beau cadeau. Il peut peut-être même faire office de cadeau de mariage.

La voilà partie dans une diatribe contre mon père :

— Comment peux-tu encore lui parler après ça ? Forcément, il te tient par l'argent, toi.

Je ne relève même pas l'attaque sur le pognon.

— Franchement, je ne suis pas venu pour entendre des horreurs sur mon père. C'est la bar-mitsvah de ton fils, tu ne peux pas t'apaiser un peu ? Élise, la vie est courte et passe si vite, ton père t'aime, alors arrête cette folie. Vous devez vous réconcilier. Tu le regretteras tout le reste de ta vie quand il ne sera plus là.

— Me réconcilier avec lui ? Après tout le mal qu'il m'a fait ? Ce serait trop facile. Il faut qu'il paie.

Ces derniers mots sont sortis sans filtre, sans même qu'elle s'en rende compte. Mon regard est éloquent. Elle se sent obligée de se justifier.

— Ce n'est pas juste, putain, je suis une victime. Il doit payer.

— Mais il t'a fait quoi, en fait ?

— Tu étais trop jeune et tu ne peux pas comprendre ce que c'était d'être sa fille. Toi, tu étais le fils, tu avais tout. Tu sais ce que c'est, toi, de craindre le regard de ton père sur ton corps ? De t'entendre dire que tu as des kilos en trop, que tu n'es jamais assez bien et que tu ne le seras jamais ? C'était un enfer, voilà. Je n'ai jamais pu présenter un mec sans me dire qu'il le considérerait comme une merde. Je me rappelle la première fois où Jérémie s'est mis en maillot au bord de la piscine. Alors oui, il a du bide, des petites épaules rentrées et plein de poils et alors ? Putain ! On parle du père de mes enfants ! Il faut voir la tête que ton père a faite, j'avais si honte.

— Par rapport à Papa ou à Jérémie ?

— À lui, tout ce que je ressens, c'est toujours par rapport à lui.

— Tu me gonfles depuis des années avec ce que toi tu ressens. Toujours ta petite histoire, tu ne peux pas faire la même chose avec lui, tenter de comprendre ses comportements ? Je ne sais pas moi, mettre un peu de nuance, te dire que ses intentions n'étaient pas que mauvaises, c'est impossible de faire ça ?

— Son histoire, mais quoi ? Ah, oui, il a perdu son père. Pauvre chéri. Et alors, plein de gens perdent leur père et ce n'est pas pour ça qu'ils deviennent des sales personnes.

Ses paroles, son manque d'empathie, tout me révulse. Elle tire de son portefeuille la photo de ma grand-mère maternelle avec une étoile jaune.

— Eux, oui, ils ont vraiment souffert.

Cette grand-mère devait sûrement avoir des qualités, mais, enfants, et jusqu'à sa mort, avec ma sœur, nous ne les avons pas vraiment découvertes. On essayait d'éviter de passer du temps avec elle, et lorsque c'était le cas, avec la méchanceté de la prime jeunesse, on rentrait à la maison en se disant que chez elle ça sentait le vieux et c'était triste. De l'autre côté, avec Mamo, c'était Byzance. Ma sœur semblait alors l'aimer plus que tout, elle dormait chez elle chaque semaine. Elle l'a oublié.

Depuis plusieurs années déjà, à chaque commémoration de la Shoah, ma sœur exhibe cette photo sur les réseaux sociaux. Je ne lui ferai pas le déshonneur de dire que ce besoin n'est pas sincère mais pour moi cette vénération posthume et exclusive de cette grand-mère-là est une gifle à Mamo. J'ai l'impression qu'elle la tue une seconde fois. Relayée dans l'oubli par cette autre histoire du peuple juif qui lui convient mieux. Il y a une vérité officielle qui a imprégné la conscience collective : les Juifs d'Europe de l'Est ont souffert et sont des intellectuels, ceux d'Algérie sont hors de l'histoire du XXe siècle, si ce n'est sous forme de bénéficiaires de la colonisation. Élise Fier oublie Mamo et se rappelle Roberte, parce que ça fait mieux, et moi ça me fait gerber.

XXIII

« Comment était Ruben ? Tu l'as bien embrassé pour nous ? Tu veux me retrouver à Ma Bourgogne ? »

Je raccroche et rejoins mon père pour prendre un café. Il me pose des questions sur Ruben et ma sœur.

— C'est quand même un beau gâchis tout ça…

— Comment avez-vous pu nous laisser en arriver là ?

J'ai presque crié, nos visages sont proches. Je ne sais pas pourquoi j'ai prononcé ces mots, si même je les pense.

— Je n'ai pas de réponse. Et je ne comprends pas ta sœur, sa haine. Je ne sais pas ce qui a fait ce qu'elle est, pourquoi elle veut nous faire si mal. Je me repasse souvent le film de notre histoire et je n'ai pas de réponse. Bien sûr, j'ai sûrement été maladroit, mais j'ai toujours voulu que mes enfants soient les plus beaux, les plus forts, les plus brillants au risque de perdre leur affection. Et c'est vrai que le plus important, c'est peut-être l'amour, tout simplement.

— Ça reviendra…

— Non, elle hait son père, c'est comme ça, c'est la vie. Allez, parlons d'autre chose.

— Raconte-moi la suite.

— Quelle suite ?

— Après la mort de Georges, que s'est-il passé ?

— Le peu de temps que j'ai passé avec mon père a été la vie, après sa mort en a commencé une autre. Il était taquin, espiègle, toujours prêt à me faire des blagues. Il m'envoyait aux bastons comme un gladiateur dans l'arène, riait de mes blessures. J'étais insolent, léger, bravache, sûr de ma force du haut de mes neuf ans. On ne se quittait pas ; son adoration me donnait une force peu commune. Je l'aimais comme on vénère Dieu. Il était immortel. Et puis est arrivé le malheur. Je suis alors redevenu un enfant banal. Pas tout à fait comme les autres, cependant. Avec ce poids à porter de celui qu'on n'ose regarder, imprégné de malheur, qu'on n'ose plus inviter parce que le malheur pourrait être contagieux. C'était ça la bourgeoisie juive en Algérie.

Ma mère et moi étions devenus des parias. Pour ma sœur, ce n'était pas la même chose : sa vie était tracée, elle était déjà mariée. J'ai vécu mon enfance avec cette charge, et puis je me suis forgé, blindé comme on dit. J'étais profondément révolté, je trouvais ça injuste. Je n'avais plus de point de repère.

Mon père me dit ça très calmement, d'une voix presque douce.

— Tu n'es pas resté très longtemps en Algérie après la mort de ton père. C'est surtout à ce moment-là que ça a été dur, non ?

— Le premier doute, la sensation de mal-être que je ne connaissais pas, je l'ai éprouvée chez mon beau-frère.

J'ai appris la mort de mon père au bout d'un mois. Nous séjournions dans une maison proche d'une forêt. Je me rappelle avoir couru sans vouloir m'arrêter, m'enfonçant dans les allés d'arbres en hurlant. Quelle horreur, mon Dieu !

Une larme coule sur sa joue. Il se sert un verre d'eau :

— Tu sais, ce qui est fou, c'est que je me suis d'abord demandé comment on allait faire pour vivre. Les principes et mécanismes qui allaient gouverner ma vie venaient de sortir de terre. C'est à partir de là que l'enfer a commencé. On a quitté notre appartement pour habiter chez ma sœur, rue Claude-Debussy. Je ne peux en vouloir à personne, mais j'avais été jusqu'alors le sujet de toutes les attentions et j'ai glissé vers le troisième ou quatrième rôle. Même la manière dont je me voyais avait changé. Du vivant de Georges, j'étais affûté, un conquérant ; après sa mort, je me voyais comme un garçon mou, faible. Je crois que c'est ça le pire, ne plus être ce que tu croyais être. Du vivant de mon père, je ne craignais rien. Après, je suis devenu peureux. Oui, la peur avait pris possession de moi.

Chez ma sœur, il y avait un grand salon et le balcon donnait sur une école dirigée par des bonnes sœurs. On m'a installé dans l'entrée sur un lit pliant, sans espace à moi, c'est un très mauvais souvenir. J'avais le sentiment d'être l'homme d'à côté. Oui, c'est exactement ça, à côté... Je ne supportais pas ça.

Un jour qu'ils m'avaient laissé seul, longtemps (et ça arrivait souvent), j'ai balancé des bombes à eau sur les bonnes sœurs. C'était une petite révolte. Quoi d'autre? Il y avait un écran de télé et je regardais *Kit Carson* en leur absence. Un autre jour, pour Noël, ma sœur m'a accompagné dans le magasin de jouets de la rue Michelet, au bout de la rue de Lyon avant le quartier espagnol où j'allais avec mon père. En vitrine, il y avait un père Noël en papier mâché avec des fondants blancs. Je sens qu'elle veut expédier le truc: elle me demande de choisir, je me le rappelle comme si c'était hier. Je prends une voiture de pompier Chuco, je me souviens même du prix, 15 000 francs. Tu vois, rien de vraiment grave, mais je comprenais que la grande vie était finie, la tristesse m'avait envahi.

Je me raccrochais à des petites choses, j'adorais les oiseaux et l'histoire naturelle. Les mésanges, c'était beau. Et puis, parfois, une étincelle d'espoir. À l'école, un prof nous a demandé de dessiner une feuille de chêne. J'ai fait un travail de collage et j'ai ajouté une grosse couche de gouache. Je craignais qu'il se foute de moi, mais mon dessin a été affiché dans le couloir. J'étais fier, ça m'a donné un peu confiance. Voilà, rien d'exceptionnel. Je pense que, toute mon existence, je me suis battu pour redevenir ce gosse, un gladiateur qui vivait comme un prince.

Le serveur pose les cafés sur la table.

— Après la mort de Georges, tout est devenu noir. Je revois ma mère et les femmes de son entourage, vêtues de noir, les maisons noires, les rues noires, les galettes blanches, noire la mer, noir le soleil, et ça l'est resté. Je me suis senti très seul.

— Tu t'es toujours senti seul?

— Oui.

— Même quand nous sommes arrivés ?
— Oui.
— Tout le temps ?
— Même marié. Même avec vous. Tout le temps.
— Sympa…
Il hausse les épaules et boit une gorgée de café.
— Et tu as vécu les événements…
— Non, pas vraiment, je ne me rappelle que de peu de choses. L'attentat du Milk Bar m'avait marqué parce que nous y allions souvent et que c'étaient les meilleurs chaussons aux pommes et crépons d'Alger, mais c'est à peu près tout. Il y a eu aussi ces amis de mes parents : leurs enfants se sont fait égorger par leur nounou arabe. Ce fut un immense choc évidemment, mais jusque tard les gens là-bas ont été habités par un sentiment d'éternité. La tempête grondait, mais je revois ces familles avec leur paella sur les plages, les hommes en short épais et grosse gabardine… Non, ils ne se doutaient pas que bientôt ils seraient dans le gris et la verticalité des barres d'immeubles.
— L'exil, le voyage vers la France, ça a quand même dû être un autre choc ?
— Non, je ne l'ai pas vécu comme ça. On est partis comme chaque année au début de l'été, en bateau. Je me souviens du château d'If en arrivant à Marseille. Avec ma mère et ses sœurs, nous avons voyagé un moment à travers le Sud, une petite escapade à Tourrettes-sur-Loup, au Vieux Ménestrel. J'ai des flashs du carnaval de Nice. Tu sais ce qui m'avait marqué aussi : le chant des cigales. C'est comme s'il nous suivait, il était partout.

Ma tante Éliette a rencontré son mari pendant le voyage. Corine a eu une aventure avec un peintre. Nous étions quatre et on se retrouve à six, c'était drôle, spontané.

Ensuite je repars à Alger, pour des vacances, mais je ne sais pas trop pourquoi. Sûrement pour que ma mère prépare notre installation à Paris. Elle m'a envoyé chez mon oncle et quand j'arrive, il n'y avait pas de place pour moi : une maison remplie d'enfants, mais pas un lit pour moi. (Il passe sa main sur son front.) C'était horrible, cette période. Mais je ne reste pas longtemps à Alger, je rejoins vite ma mère à Paris et je ne reviendrai plus. C'était en 1959. Et tu sais où nous sommes allés ?

— Chez la gouvernante qui travaillait pour ta grand-mère.

— Oui, exactement. Monsieur et Mme Porot. J'arrive chez eux, à Sarcelles, dans des barres d'immeubles. Lui s'occupait de l'entretien du lycée Jean-Baptiste-Say. C'est grâce à lui que je suis admis là-bas.

— Un changement radical…

— J'ai eu beaucoup de chance d'être hébergé chez eux. J'avais connu l'Algérie du bonheur, et puis cette Algérie noire. Vivre chez les Porot, ça a été comme un petit sas, avant de connaître l'anonymat de la grande ville. J'avais été seul et triste, et là-bas j'ai aimé vivre à nouveau, entouré de gens gentils et bienveillants. Oui, ce fut une grande chance, même si on ne mangeait de la viande que le dimanche, je retrouvais dans la grisaille de Sarcelles une place, on me considérait. Ce monde ouvrier, je l'ai toujours respecté et admiré, je me sens bien au milieu de ces gens. Je vivais au son de Brassens et au rythme des fêtes de l'Huma et des aventures de Pif le chien. Tous les enfants travaillaient pour le journal *Boulevard Bonne-Nouvelle.* J'ai découvert le self-service. Les gens étaient heureux, on jouait au foot avec tous les gosses en bas des immeubles. Je venais de la pierre blanche et des colonnades, je me retrouvais dans des barres HLM, mais franchement que des bons souvenirs.

Il marque une longue pause.

— C'est un épisode très important de ma vie, j'y ai passé six mois. (Il se rapproche de moi comme pour me dire un secret.) Tu sais, un regard pur comme celui du mari, monsieur Porot, je n'en ai croisé qu'un dans ma vie. Ses yeux semblaient n'avoir rien vu.

Les siens sont embués.

— Et donc tu faisais Sarcelles-Paris tous les jours ?

— Oui, le plus souvent avec lui. Je n'ai pas aimé Paris au début, pour moi ce n'était que du gris. Une chape de plomb. Je ne comprenais pas qu'autant de gens habitent dans un endroit si triste. Et puis, un jour, Paris s'est éclairé, par deux soupirs, les marrons en septembre et les arbres en fleurs sur les Champs-Élysées en avril. C'était fou comme le printemps habillait Paris. À cette époque, mon plus grand plaisir était de me mettre à l'arrière des bus à impériale et respirer la ville.

Nous sommes restés six mois comme ça, et après on a habité avec ma sœur et son mari dans un appartement rue du Quatre-Septembre. Ça aussi c'était drôle. Je partageais ma chambre avec un type sympa, ami de la famille, qui était pote avec tous les maquereaux de Montmartre. Il m'amenait aux courses. Tu vois entre les cocos de Sarcelles, les bookmakers de Longchamp et les putes de Pigalle, j'ai appris la vie en accéléré.

— Et l'école ?

— Au lycée, je ne faisais rien. Je n'aimais pas cet endroit. J'avais l'impression d'être en prison avec ce surveillant en blouse blanche qui, après les cours pendant l'heure de permanence, nous distribuait du pain. Dans la cour, on jouait aux billes. Je préférais mes jeux d'Alger avec les noyaux d'abricot. Chacun dessinait dessus une marque pour qu'on les reconnaisse. Le mien portait un S avec deux points en référence à Tintin. Les billes des gosses de Paris étaient mornes.

— Tu t'es fait rapidement des potes ?

— Non, j'étais très solitaire. J'adorais les maquettes, les modèles réduits. Je passais des heures à en faire, aller chiner les autocollants à coller dessus. C'était une passion. À partir de quatorze ans, j'ai eu un petit Solex et je rembourrais mon blouson de carton les matins d'hiver pour me réchauffer. Je n'avais pas beaucoup d'amis. Les sorties, les potes, ça a commencé avec le drugstore. Le gros changement pour moi, ça a été quand on a déménagé rue du Cherche-Midi, à Neuilly, et que je suis allé à Pasteur en classe de première.

— Durant toutes ces années noires, tu ne trouvais pas ça injuste d'être dans cette situation ? Tu n'en voulais pas à la France de vous avoir abandonnés ?

— Si, bien sûr, mais si je me disais que j'étais une victime, j'étais mort. Il fallait avancer.

— Mais vous ne vous êtes jamais sentis exclus en arrivant ? J'ai toujours entendu que les pieds-noirs avaient été mal accueillis, avec beaucoup de mépris. Il y a ces histoires de conteneurs en provenance d'Algérie que les dockers du port de Marseille plongeaient à dessein dans la mer.

— Non, pas nous.

Je n'ai jamais entendu mon père se lamenter sur rien, ou jalouser qui que ce soit. C'est même un peu sa philosophie de vie : arrive ce qui arrive et chacun est maître de son destin. J'admire ça chez lui.

Il semble deviner mes pensées.

— Encore aujourd'hui, tu sais, je peux tout encaisser sauf la perte ou la souffrance de mes enfants. D'ailleurs, j'étais sûr que je ne vous verrais pas grandir. Je te laisse deux minutes, il faut que j'aille aux toilettes.

Moi aussi longtemps, j'ai vécu avec la certitude que je perdrais mon père enfant et maintenant j'ai celle que je quitterai James tôt. Oui, je ne pense pas vivre vieux. Notre histoire avec mon père a failli s'arrêter au Brésil quand j'avais neuf ans. En psycho-généalogie, il y aurait une transmission d'une génération à l'autre de phénomènes traumatisants, au même âge. Neuf ans, nous y étions. Pour les vacances de fin d'année, nous avions l'habitude de faire un voyage dans un pays lointain. Pour célébrer la nouvelle année 1989, nous sommes allés au Brésil. J'étais surexcité. À l'époque, tous les gosses de mon âge suivaient comme des malades un dessin animé japonais qui s'appelait *Olive et Tom*. Ça ne dérangeait personne que les stades soient remplis pour voir des gamins de douze ans alors que personne ne jouait au foot au Japon, et surtout qu'entre le moment où Olivier tirait et Thomas arrêtait le ballon, il se passait quatre épisodes. Le dernier matin de l'année 1988, je jouais au foot sur la plage d'Ipanema avec mon père. Une ombre planait sur ces vacances : la mer était épaisse et trouble, et tous les jours il me faisait promettre que je n'irais pas sauter du rocher avec les enfants d'ici. Puis il est allé se baigner et il a dit cette phrase étrange à ma mère : « Surtout, tu me surveilles. » À partir de là, je n'arrive plus à démêler le vrai du faux, si tant est qu'un vrai souvenir existe. Je n'ai pas bougé. J'aimerais dire que j'étais tétanisé par la peur, un événement bien traumatique qui peut donner lieu à trois livres et dix ans de psychanalyse, mais non, je suis passé totalement à côté du fait le plus marquant de mes dix premières années. Quand j'ai lu *Lord Jim* de Conrad, j'ai ressenti la même chose, un rendez-vous manqué avec le destin de ma famille. J'aurais dû aider mon père et pourtant je suis passé à côté de cette histoire. Mon père se noyait et, par miracle, un homme qui ne savait pas nager, envoyé par Fatima, a-t-il dit, est allé le sauver et l'a ramené inconscient sur la plage, l'épaule broyée. Si souvent je me suis demandé ce qu'aurait été ma vie si mon père n'était pas remonté à la surface. C'est ce que le frère de ma mère souhaitait. J'entends encore cette phrase que ce sale type avait prononcée dans un restaurant. Je ne pourrai jamais l'oublier : « Dommage qu'il n'y soit pas passé. »

Mon père revient. Il reprend la conversation là où il l'a interrompue.

— Ce lycée m'a transformé. À Say, j'étais avec des cancres et je voulais être le plus cancre d'entre eux.

Là-bas, je me suis retrouvé dans une classe option latin et grec. À Pasteur, on ne respectait que les bons élèves, alors je me suis battu pour être le meilleur. Il y avait surtout un prof qui a changé ma vie, François Fédier, un spécialise de Heidegger. Il avait une courtoisie désuète, un peu « vieille France », une culture monumentale. Avec René Char, il avait organisé les séminaires du Thor, des rencontres en Provence entre philosophes et poètes, et nous, à travers lui, on touchait à l'excellence française. C'est dans ce lycée que j'ai aimé ce pays, sa particularité, la place qu'il donnait aux lettres et aux débats. Dans quel autre pays pourrait-on voir le plus grand philosophe de l'après-guerre et un poète, ancien résistant, sillonner ensemble les chemins du Vaucluse ?

— Et la bande du drugstore ?

— Quelle belle époque ! On allait au relais de Chaillot. Les mecs avaient des costumes à la Kennedy, les épaules droites. En les voyant pour la première fois, je me rappelle m'être dit : « C'est à ça que je veux appartenir. » Ils étaient élégants et irrévérencieux. On se retrouvait aussi au Sillen, rue François-Ier, au Berlingot rue Balzac, la ville nous appartenait, il y avait nous et les autres. J'avais l'impression d'être au bon endroit au bon moment.

— Tu as été accepté comme ça ?

— Ce n'était pas un club de sport, je n'ai demandé à personne. J'étais beau, j'avais un style à part. Et surtout, j'étais détaché de tout. Ça s'est fait, voilà. J'adorais m'habiller. Le look pantalon gris en laine froide, chemise Lacoste : éléments indispensables. Et on restait là, statiques, devant le drugstore. La bande du drugstore était très structurée et on évoluait entre le parc de la Muette et le drugstore. Une nana qui connaissait tout le monde, Zouzou la twisteuse, s'était entichée de moi. Elle m'emmenait partout. On se sentait le sel de la terre. On débarquait à 22 heures dans toutes les soirées, on forçait les portes, balançait les sacs. On se permettait tout, mais au fond c'était assez creux. Ça a duré de 1964 à 1967 et après je suis entré dans une autre phase. (Il remue avec sa cuillère le café qui doit maintenant être froid.) À Nanterre, je n'avais plus vraiment de bande et j'ai commencé à me structurer politiquement. Je passais du temps à la librairie Maspero. C'étaient aussi mes années « poker », je gagnais beaucoup d'argent en jouant. Les cartes étaient mon quotidien. On jouait l'après-midi rue de Vintimille. À partir de 15 heures, on était nombreux, mais à 18 h 30, il fallait que tout soit finit car la mère infirmière de notre hôte arrivait.

J'aimais les cartes car mon esprit était occupé. Je mettais de l'argent de côté, je le confiais au mari de ma sœur, mais en réalité, je n'avais besoin de rien, je vivais sans argent.

— Donc tu as vécu Mai 68 à Nanterre, d'où tout est parti ?

— Oui, 68 je l'ai vécu grâce au transistor. On suivait les manifs, mais je n'en ai fait que deux. Je trouvais que ça ne servait à rien. C'était plus une révolution d'émancipation pour avoir une vie de kiff. Les slogans parlaient d'eux-mêmes : « sous les pavés, la plage » et non « qu'est-ce qu'on va faire de notre destin ? »

De Gaulle représentait une vieille figure. Avec les nouveaux moyens de communication, la jeunesse a ressenti le besoin de s'opposer. (Il a un sourire.) J'étais finalement assez légitimiste, j'avais envie d'apprendre, de savoir. J'étais en rupture avec Fouchet, mon truc c'était JJSS et surtout Mendès France. Quand il a pris la parole à Charléty, j'ai admiré sa loyauté et son honnêteté. Son humanité vis-à-vis des pays sous-développés et surtout sa théorie de « monnaie marchandises », le Gold exchange standard qui me semblait à l'époque être une bonne solution pour arrêter d'aspirer la marge des pays pauvres en mettant le prix de leur matière première au centre de l'équation. Je n'avais jamais vu de mes yeux la misère en Algérie, mais je savais qu'elle existait. À Nanterre, un prof m'avait mis en rapport avec Mendès France par courrier et je lui avais écrit pour intégrer son équipe. Après, j'ai fait Science Po. Mes potes débattaient beaucoup, j'aimais cet esprit si français. Les études, pour moi, n'étaient pas seulement une étape. Je me suis inscrit en « Relations internationales » chez Jean-Noël Jeanneney, l'homme au nœud pap'. Je suis rentré en seconde année et une autre vie a commencé, j'ai rencontré des gens très différents. C'était studieux et élégant. J'avais des potes qui lisaient Rougemont. J'ai beaucoup travaillé durant ces années.

— Je ne comprends pas : avec tes tantes et ton oncle communistes, tu ne t'étais pas intéressé à leur activité avant ? Les débats, la politique, c'est tout ce que tu aimes....

— Franchement, non. À cette époque, je me disais que la vie intellectuelle ne servait à rien, il fallait être dans le concret. C'est venu plus tard.

— Ça fait quand même beaucoup de vies…

— Et encore, je ne t'ai pas raconté ma virée à Washington chez un fonctionnaire du FMI qui m'a mis son appart' du Watergate à disposition avec son carnet de bal pendant un mois. Washington a été l'enfer de la béatitude, et après je me suis retrouvé en pleine campagne de Nixon à faire des foulards pour le Parti républicain, mon premier business. Toute ma vie, ça a été ça, des rencontres et des opportunités.

— Et de la volonté…

— Ça, c'est une évidence. La volonté, c'est tout.

Il m'a toujours donné le sentiment de s'être hissé au-dessus de son histoire en ayant déposé un couvercle sur son passé. En écoutant le récit de sa vie, je me rends compte que beaucoup de choses font sens. J'espère qu'avec tout ça, il a un peu recoloré son destin ou au moins estompé le noir.

— Tu as réussi à échapper à ton histoire…

— On n'échappe jamais à son histoire. D'une manière ou d'une autre, elle nous rattrape toujours.

XXIV

Les hommes en marinières et magnifiques vestes bleu et rouge à boutons d'or, bérets de marins impeccables sur la tête, tirent leurs salves de fusil. La fumée noire est emportée vers la citadelle par une légère brise. Bientôt, ce sera au tour des mousquetaires de tirer vers le sol leurs coups de tromblons. Les chants religieux reprennent et je vois la statue du saint disparaître puis réapparaître. Je suis du regard la procession qui l'entoure. Le rituel est le même depuis des siècles. Tout le village respire la bravade. Il n'y a pas une famille de Tropéziens qui n'a pas l'honneur d'y compter un de ses membres. Je ne connais pas de village qui soit plus attaché à ses traditions que Saint-Tropez. Pourtant, à part aujourd'hui où dans un déluge de feux, de chants et de couleurs, ils le clament fort, leurs coutumes sont discrètes, comme un secret que l'on ne partage qu'avec ceux qui savent s'en montrer dignes. Peu de gens le savent, mais il existe là-bas un chef du village garant des traditions qui est le capitaine de cette procession. On l'appelle le Cepoun.

J'ai toujours trouvé à cet endroit quelque chose de très spécial et j'enrageais de la caricature dont il était victime. Il m'a fallu du temps pour comprendre que c'était une île. Oui, les Tropéziens sont des insulaires : ils sont plus proches de la Corse que de Sainte-Maxime. Ils ne font pas partie de la Côte d'Azur. Tout d'abord peuplé de pêcheurs et de paysans, puis d'ouvriers pour l'usine de torpilles, ce village est devenu une terre communiste. Par sa lumière et sa beauté, il a attiré les esprits les plus créatifs, poètes, écrivains, peintres, cinéastes, et le mélange s'est fait tout naturellement. Ce fut une terre libre où Don Byas partait en mer avec les pêcheurs, nous rappelant qu'avant que tout ne commence, les bergers étaient aussi des poètes et réciproquement.

Malgré le pire de la modernité, du mauvais goût et de la vacuité, l'essentiel est resté. Un village qui s'organise et maintient une autorité spirituelle, un homme qui garantit le respect des traditions sans pour autant tourner le dos au mouvement de la vie, ce n'est pas rien.

Je n'avais pas choisi de venir ce week-end de mai, mais je suis heureux d'être aujourd'hui au milieu de ces villageois que je connais si bien et avec lesquels j'ai tant partagé. Je bois une dernière gorgée de ce café noir servi en pot, j'embrasse Michelle et James. Je ne verrai pas cette fois-ci le maire de Pise et celui de Saint-Tropez remettre la pique au capitaine de la ville, en commémoration du dernier voyage du chevalier Torpes décapité par Néron pour avoir refusé de se convertir, et dont le corps échoua sur une barque à Héracléa. Sa tête repose à Pise. Mon père m'attend aux Salins. J'ai garé ma petite moto place des Lices, je traverse ces ruelles dont je connais chaque pierre et couleur passée. De l'entrée de la ville aux Salins, il n'y a qu'une route que je pourrais prendre les yeux fermés. En ce jour de commémoration, tout le monde est souriant. Un esprit de joie paisible et de simplicité se dégage. Saint-Tropez, le jour de la Bravade, est un rire d'enfant. Devant l'école communale, je suis empêché. Une large Bentley qui fait la taille du carrefour est en travers. Le chauffeur interpelle un agent communal, il ne comprend pas pourquoi il ne peut accéder au village. J'entends son patron assis avec sa femme défigurée par la chirurgie esthétique à l'arrière, qui éructe : « Encore cette stupide bravade, et ça finit quand cette connerie ? » C'est aussi ça Saint-Tropez. Je les plains, j'accélère et je vois une dernière fois le néant dans mon rétroviseur avant de filer vers la mer.

Je ne suis pas retourné aux Salins depuis cette salle journée. J'ai pour habitude de ne jamais revenir dans les endroits qui ont une charge négative, mais ces dernières années j'ai tellement merdé que je serais, si je suivais cette règle, contraint de rester au lit. Le deal avec les Américains doit être signé cette semaine, c'est un peu une célébration. La plage est abritée, le léger mistral que j'ai senti gonfler sur le port épargne la mer qui est d'huile. Il n'y a pas encore de bateau à cette époque pour perturber son calme. Mon père est seul, assis à notre table, première rangée à l'extérieur et au bord de l'eau.

Avec Georges, l'Algérie, ses premiers pas à Paris, notre relation est redevenue une conversation ininterrompue. Il est en forme, le visage détendu, en train de lire le journal. Il ne me voit pas, je m'arrête un instant pour le regarder. J'ai compris tant de choses. Avec la force de l'amour de sa mère et sa volonté, mon père a construit sa vie pour ne jamais plus dépendre de personne. Sa blessure la plus profonde était de se sentir non respecté, ignoré, « l'homme d'à côté », comme il me l'a dit. En dépit de sa réussite, ses maisons, sa famille, comme c'est souvent le cas avec notre première blessure, la cicatrice reste douloureuse. J'ai compris ce qui s'était passé ce matin-là, à cet endroit, il y a presque un an. Aussi injuste et brutal que cela ait été pour moi, et aussi pour elle, Michelle avait réveillé la pire des sensations. La réaction de mon père était totalement disproportionnée et presque fatale à nos relations, mais aujourd'hui je la comprends. Bien sûr, j'aurais aimé, pour lui et pour moi, que les choses soient différentes, mais c'est l'enfant sur un lit pliant dans un petit salon que je vois. Je m'approche, il baisse son journal.

— Ah, voilà le *deal maker*. J'ai eu Hugot ce matin, franchement je n'aurais pas fait mieux.

— Merci, mais ce n'est pas encore bouclé.

Je commande un café crème.

— Il y a une chose que je voulais te demander…

— Encore sur l'Algérie ?

— Pas vraiment, mais c'est lié. Quand tu quittes Alger et aussi tes premières années à Paris, tu es accablé de tristesse…

— Oui, je pense que tu connais l'histoire maintenant.

— Il y a quelque chose que je ne comprends pas. Petit à petit, la vie revient, tu me l'as dit toi-même : des belles années, le drugstore, Fédié, Science Po, les femmes, les bonnes affaires, tu étais donc apaisé.

— Oui et alors ?

— Et la violence ?

— Quelle violence ?

— Enfin, ta violence, ta radicalité.

Il se tourne vers la mer un long moment, puis me regarde avec toute la dureté que je peux lui connaître dans le regard.

— Lachter.

C'est le nom de jeune fille de ma mère et donc de mon oncle.

— Oui, je crois que c'est ressorti avec cette ordure. Quand j'ai commencé à travailler avec lui, les choses se sont plutôt bien passées au début, mais plus je m'élevais et plus nos rapports se sont tendus. Il avait déjà bien réussi quand je me suis associé avec lui, c'était le début pour moi, j'étais jeune, je n'avais pas vraiment d'expérience des affaires. Je me suis mis à gagner beaucoup d'argent et alors, il n'a eu de cesse de me rabaisser. Il s'arrangeait pour m'exclure. Et un jour, j'ai explosé : ma colère est sortie et elle n'est jamais vraiment rentrée depuis.

Dans les archives de la boîte, j'ai vu l'historique des courriers recommandés. Mon oncle lui en envoyait chaque semaine, des menaces absurdes, des coups bas avec des fournisseurs ou d'autres associés. Tout était bon pour provoquer la chute de mon père, qui a fait alors ce qu'il savait le mieux faire, se battre. Il est parti, et il a réussi. Apparemment, l'autre était tellement fou qu'il fallait lui cacher les articles de presse de SOHO. Plusieurs années après cette brouille, il avait tenté une réconciliation pour ma mère. Je devais avoir sept ans et nous venions d'emménager dans notre nouvelle maison à Neuilly. Mon oncle est venu rendre visite à sa sœur en fin d'après-midi, je pense par curiosité malsaine. Nous étions tous les trois dans l'escalier sous un tableau un peu Pop Art qui représentait Churchill et il a demandé à ma mère pourquoi son mari achetait des œuvres de pacotille.

Ma mère était gênée, mais il en a remis une couche.

— De toute façon, un pied-noir ne peut pas vraiment avoir de goût. Ces gens sont comme des Arabes.

Je ne voyais pas vraiment le problème d'être comme les Arabes et j'ai appris deux nouveaux mots dans le dictionnaire cet après-midi-là: pieds-noirs et pacotille. Le soir, à peine avais-je tout balancé à mon père que j'ai entendu sa voix blanche au téléphone.

— Quel genre de petite salope va chez sa sœur pour insulter son mari devant son fils?

— Je n'ai absolument pas dit ça.

— Donc ma femme ment. T'es vraiment une petite merde sans couilles, toi!

L'autre était presque en train de chialer au téléphone. Mon père a raccroché et a dit à ma mère: « Franchement quelle larve, ton frère. Oui, c'est ça, une petite larve. Ça ne me viendrait pas à l'idée d'aller chez un type, de cracher sur lui auprès de sa femme en sachant que je n'aurais pas le courage de lui dire les mêmes choses en face. »

Après ça, de mon point de vue, silence radio. Nos maisons étaient voisines à Saint-Tropez, sur deux petites collines séparées. Ça me faisait marrer: j'avais l'impression qu'on était les Montaigu et les Capulet. Nous nous croisions sans nous adresser la parole et il me dévisageait. J'entendais souvent qu'il déchargeait sa haine sur notre famille, c'était obsessionnel. D'année en année, je le voyais avec son ventre de plus en plus tombant et pointu, son visage qui transpirait la méchanceté. Ce mec m'avait toujours dégoûté. Dans les intermèdes de réconciliation, je détestais aller chez lui. La bouffe était mauvaise, et il s'écoutait parler. Il avait une femme qui, selon mon père, avait été pleine de vie et belle comme le jour. Je la voyais se suicider à l'alcool et lui laissait faire, la servant verre sur verre. Avec ma sœur, on l'appelait E.T. : c'était méchant. Cette femme était en souffrance.

XXV

Le deal avec les Américains n'était plus qu'une formalité, nous avions signé le contrat et il ne restait plus qu'une toute petite contingence en suspens dont la non-réalisation n'aurait pu de toute façon contrarier l'ensemble. Nous devions mettre fin à une autre procédure en cours. La défendante était la veuve de l'artiste à l'origine du logo de SOHO qui datait de la création de la marque. Il y avait un peu moins de deux ans, il nous avait écrit en niant l'existence du contrat de cession et nous attaquait pour une autorisation sans droits de son œuvre. C'était absurde. Peut-être au crépuscule de sa vie avait-il besoin d'argent et pensait-il qu'après tout ce temps nous aurions égaré ce contrat ? L'issue de la procédure ne faisait pas vraiment de doute, mais il espérait pouvoir tirer quelque chose en négociant. Sa femme était assez âgée et, à la mort de son mari, elle avait quitté Paris pour une petite commune en Dordogne, Coly-Saint-Amand. Je l'avais eue au téléphone à plusieurs reprises et elle connaissait l'histoire. Pour elle aussi, cette procédure était absurde, mais elle voulait respecter les dernières volontés de son époux et semblait inflexible. Je me suis proposé de lui rendre visite.

Je ne connaissais pas cette région. Cette commune est belle, avec sa petite place de la Mairie, son clocher. Elle fait partie de cette ruralité dont on vante l'authenticité et la beauté, mais qu'on laisse se vider de médecins, de boulangeries, de services publics… Je m'attendais à voir une femme subissant sa solitude alors qu'elle est gaie et active, avec son chien qui la suit partout. Elle me propose de déjeuner avec elle, nous parlons à peine de l'affaire qui nous concerne. Comme son mari, elle dessine (ils travaillaient ensemble). En ce moment, elle est dans une période figurative, des espaces clos de ville, sans lien avec la campagne où elle vit désormais. Je retrouve le trait rond et épais de Hopper avec la tristesse des personnages en moins. Je lui en ai fait part. Au café, elle appelle son avocat devant moi pour l'informer que tout est réglé. Je lui propose de payer les frais de procédure. « Vous n'y pensez pas », me répond-elle.

J'avais loué une voiture depuis la gare de Brive. Sur l'autoroute, mon regard croise un panneau publicitaire pour la grotte de Lascaux. Je m'étais toujours dit que j'irais la visiter un jour et je suis très en avance pour reprendre le train pour Paris.

La vallée de la Vézère s'ouvre à moi. En arrivant, je sais que je ne pourrai pas pénétrer dans le lieu original mais dans une réplique apparemment identique. Les mêmes traits dans les mêmes pigments. La maladie verte a par le passé ravagé la caverne. Une destruction des conditions naturelles de la conservation due à l'augmentation de dioxyde de carbone dans cet espace confiné provoquée par la respiration des nombreux visiteurs des premières années. C'est Malraux, je crois, qui avait décidé de la fermer au public un certain temps. Puis elle a été reconstruite à côté, à l'identique. Ce musée moderne avec ces écrans partout ne me plaît pas. Je n'ai pas envie de ça ici. Je suis venu me confronter à l'art d'avant le verbe, la création qui précéda l'écrit. Je veux voir ce qu'est dessiner et créer quand on est libre de tout. Sentir la colline de calcaire, l'étincelle du premier rapport à l'esthétisme. En dépit de cet écrin trop moderne et de tout ce cirque, oui, c'est vrai, le simulacre est réussi, et je comprends, en pénétrant dans ce pastiche, pourquoi on a appelé cette grotte « la chapelle Sixtine de l'art pariétal ». Tout est beaucoup plus étroit que je ne le pensais. Je découvre la salle des Taureaux. La taille de ces peintures est monumentale, plus de cinq mètres pour certaines. Deux scènes se font face, deux aurochs chacun sur une paroi, une horde de chevaux et aussi un animal mystérieux portant deux traits rectilignes sur le front qui lui ont valu le surnom de « licorne ». Ces formes, ici, dans la roche orangée, me font l'effet d'un long et doux silence. Ce ne sont pas les bovidés qui m'émeuvent le plus, mais un petit cheval fuyant, brossé au crayon de manganèse à deux mètres du sol et qui semble briller. J'avance doucement dans le diverticule axial. Certains animaux sont peints sur le plafond à quatre mètres de hauteur et semblent s'enrouler d'une paroi à l'autre. Pour faire ça, ils ont forcément dû utiliser des sortes d'échafaudages. Je ne sais pas ce qui m'impressionne le plus. La beauté des images ou simplement imaginer ces mecs velus, avec leurs torches, s'engouffrer dans le noir entre ces parois étroites, dans cette grotte, qu'ils ont sûrement choisie parmi d'autres pour créer. Ils devaient chasser, cueillir, se défendre, et à un moment ils ont décidé de prendre du temps pour ça. Qu'ont-ils voulu dire ou faire ? Je n'en sais rien. Il y a autant d'hypothèses que de paléontologues, mais me dire simplement que ces êtres dans le dénuement des temps préhistoriques ont ressenti le besoin de toucher quelque chose de plus grand qu'eux, d'être saisis par l'esthétisme et de le partager me rassure. Oui c'est ça, cette grotte me donne de l'espoir sur notre nature profonde et la place du beau dans l'âme humaine.

Il y a aussi plusieurs signes barbelés complexes que l'on retrouve pratiquement à l'identique sur d'autres parois de la grotte. Difficile de croire qu'il ne s'agit pas d'une seule scène coordonnée. Ces hommes nous ont raconté une histoire. Comment en être étonnés ? À partir du moment où il y a une étincelle de conscience, il y a ce putain de besoin de raconter, avec sa genèse et son châtiment, ses bons et ses méchants. Ici, en voyant ce cheval de face qui a été dessiné ainsi pour la première fois de la main de l'homme, je me dis que ceux qui lui ont succédé dans cette vallée étaient moins libres. Ils avaient le poids de ce mythe-là, celui de l'existence de cette histoire qui n'était pas la leur mais les englobait. Ils ont forcément dû, à un moment de leur vie de premiers homo sapiens, se positionner par rapport à elle. Ils sont alors devenus moins libres que leurs pères, mais peut-être aussi plus forts, car riches d'un savoir que les hommes pré-Lascaux n'avaient pas. Dans *Ainsi parlait Zarathoustra*, Nietzsche fait dire au penseur Hermite, qui revient parmi les hommes, que ceux de notre race doivent constamment subir trois métamorphoses. Nous venons au monde chameaux, puis devenons des lions avant de laisser place à l'enfant. Je me dis que les hommes d'avant Lascaux étaient les premiers enfants éternels. Après ces premières traces de connaissances, il faudra se battre pour devenir soi.

C'est ici, peut-être, dans une grotte similaire, que s'est jouée l'une des premières luttes pour toucher la vérité. Sur ces pierres orangées, je ressens la tension originelle des hommes entre le poids du passé et le désir d'exploration ancré dans les gènes des chasseurs-cueilleurs que nous sommes. Oui, nous, les hommes, depuis que les premiers récits ont été figés, les mythes créés, sommes tiraillés entre conservation et émancipation. Ligaturés par les valeurs de nos familles, celles, changeantes, de nos sociétés, nous avançons dans le noir avec notre petite flamme pour trouver les nôtres. Il faut beaucoup de courage pour créer des zones grises, voir les mythes pour ce qu'ils sont et s'en affranchir, si on le pense nécessaire. J'ai été à un moment prêt à quitter ma famille pour ne plus subir une histoire que je pensais ne pas être la mienne et j'ai l'impression d'avoir trouvé un compromis entre les mythes de ma famille et ce que moi je désire. Je crois aux zones grises et j'essaie tant que je le peux de voir une part de vérité dans celui qui est en face de moi. Cette violence qui me prenait tout entier n'était pas la mienne et je n'en veux plus. Je l'ai sentie durant l'année qui s'est écoulée s'extraire de moi, couler au sol et se fondre dans la terre. Ici, dans cette grotte, je pense à mon père. J'ai été moins libre que lui et que son père avant lui, jusqu'au premier homme, et aussi plus riche de leurs connaissances et de leur vie. Pierre Fier a tout fait pour inverser son histoire et devenir le patriarche qui installerait cette famille stable qu'on lui a enlevée. Unir sa famille et la protéger face aux coups du destin était son but ultime. La force et la radicalité qui l'ont porté jusque-là ont fracassé son rêve et ce n'est finalement pas si grave, car cette violence fait partie de lui. Nous sommes le fruit de nos propres histoires et du récit que nous nous en faisons.

Je suis au mitan de ma vie et je sais quelles relations je veux avec les autres, à commencer par les miens.

Juste avant l'entrée en gare, je reçois un message d'un numéro que je ne connais pas : c'est le fils de Robert Journet, Édouard. Il m'annonce que son père est mort la nuit dernière. Il m'invite à venir à la veillée funèbre en me précisant que son père aurait aimé que je sois là. J'y vais directement en arrivant à Paris. Je retrouve son appartement qui est, ce soir, moins sombre. Une femme d'une quarantaine d'années m'accompagne dans le salon qui était fermé lors de ma première visite. Il y a beaucoup de monde, presque une quinzaine de personnes. Je comprends vite que Robert avait quatre enfants – trois garçons et une fille, Édouard étant l'aîné. Ce n'est pas celui qui ressemble le plus à son père, peut-être à cause de son embonpoint. Je lui donne une petite cinquantaine, un large front, des joues rondes et roses qui lui confèrent une apparence assez douce. Cette fratrie semble soudée, je les envie un peu. C'est quand même mieux, d'une manière générale, les frères et sœurs qui s'aiment. C'est d'ailleurs la seule chose que j'envie. Ça doit être plus doux d'avancer dans le grand après à plusieurs. Je sais que lorsque mes parents mourront, je me retrouverai seul avec la famille que je me serai créée, celle qui forcément n'aura pas vécu notre histoire et avec laquelle il me sera difficile de partager la sensation de manque qui m'envahira. Je vivrai avec mes souvenirs dont la plupart seront beaux et je les transmettrai à James.

Édouard me prend par le bras, je devine que nous allons dans le bureau de son père. Il ouvre un petit tiroir, sort une lettre qu'il me donne.

— Robert l'a écrite juste après votre visite et il tenait à ce que je vous la remette en main propre. Merci d'être venu.

— Je n'ai presque pas connu votre père, mais j'étais heureux de l'avoir rencontré.

— Lui aussi, vous ne savez pas à quel point…

J'ai presque couru jusqu'au premier café, je voulais être assis pour la lire et je ne voulais pas attendre. Il faisait une chaleur de bête. Toutes les terrasses étaient prises d'assaut, je me suis retrouvé sur un banc place Franz-Liszt face à l'église.

> *Cher Adam,*
> *Vous ne pouvez imaginer à quel point votre visite nocturne m'a bouleversé et pourtant je suis profondément heureux que vous m'ayez trouvé. Je pense que j'ai toujours attendu la visite d'un membre de votre famille.*

Je ne sais pas si vous le pourrez, mais je vous demande de pardonner mon manque de courage. C'est bien de lâcheté qu'il s'agit. Lorsque vous étiez face à moi je ne vous ai pas dit tout ce que je savais alors voilà, je vous l'écris.

Si vous lisez ces lignes, c'est que je ne suis plus de ce monde. Sachez avant de poursuivre que j'ai souvent pensé à votre père et à ses parents.

Oui, comme vous le saviez, j'étais fortement impliqué dans la genèse de l'armée secrète, et je faisais partie de ce petit groupe d'hommes qu'on appelait alors « ultras ». L'Algérie était ma terre et je n'aurais laissé personne me l'arracher. Logiquement, le FLN m'a mis une cible dans le dos, mais ce n'est pas moi qui suis tombé.

Adam, votre grand-père, Georges Fier, est mort à ma place, et on peut dire que j'ai vécu à sa place. La nuit de son assassinat, je m'en doutais, mais je n'avais aucune certitude. J'ai continué mes activités sans même prendre plus de précautions. Environ six mois après, je rentrais chez mon père qui était parti en voyage. C'était la nuit également. Devant la porte, j'ai senti la pointe d'un pistolet dans mes côtes. Je me suis dit que si c'était un fellaga j'aurais déjà été mort. Il m'a fait monter et nous sommes entrés ensemble dans l'appartement vide. Il s'arrangeait pour que je ne voie pas son visage et il m'a commandé de me taire et d'écouter très attentivement ce qu'il allait me dire.

« Nous sommes venus à deux pour te tuer ici il y a six mois, quand j'ai vu cet homme avec un chapeau avancer dans la rue, je savais que ce n'était pas toi. J'ai demandé à celui qui était avec moi de ne rien faire, que ce n'était pas la bonne personne. Il était au-dessus de moi en hiérarchie et c'est lui qui tenait le flingue. Il m'a regardé en souriant et m'a dit que de toutes les façons c'étaient tous des chiens et que ça en ferait toujours un de moins, et il a tiré deux balles presque coup sur coup. Il est parti en courant en pensant que je le suivais. Je me suis approché du corps et j'ai bien vu que l'homme à terre n'était pas toi. Quand nos chefs ont su qu'on avait fait une erreur, ils n'avaient rien à faire de la mort d'un innocent qui n'en était pas un pour eux. Ils nous ont juste demandé d'attendre un peu avant de revenir. Je ne veux pas faire cette guerre comme ça. »

Cet homme derrière moi qui avait ma vie entre ses mains m'a dit que le FLN voulait finir sa besogne, mais que lui était là pour me sauver. Il m'a dit exactement ces mots : « Je suis venu te tuer, mais il faut que tu vives, une vie pour une vie. » Il ne voulait plus faire cette guerre qui enlève des maris et des pères. Il avait pris la décision de quitter son organisation, mais on ne quitte le FLN qu'en mourant au combat ou en se faisant exécuter par ses propres frères. Je me suis dit que dans cette guerre, dans le maquis du FLN, il devait y en avoir d'autres des Karim qui n'étaient

pas faits pour être des tueurs. Alors moi aussi, très vite après cette nuit, j'ai déposé les armes. Karim avait déserté, je l'ai d'abord planqué puis exfiltré vers la France.
Voilà, vous savez tout.
Je vous demande pardon.

Je remets la lettre dans l'enveloppe comportant la fine écriture à l'encre de Robert Journet, *Pour Adam Fier*.

Ils étaient donc deux, c'était vraiment un malentendu, mais l'un de ces malentendus qui apportent finalement plus de sens au monde que beaucoup d'actes réussis.

XXVI

Ces derniers mois, l'envie d'aller à Alger avait enflé. C'était même devenu une injonction : « aller en Algérie ». Un lieu et une date, un rendez-vous fixé avant la fin de l'année. L'échéance approchait et je voyais ces quelques mots « organiser voyage Algérie » en lettres bleues sur mon cahier noir. Londres fleurissait enfin, les jours étaient maintenant comptés pour respecter cette promesse. Un matin de fin novembre, je me suis décidé. Le visa a été une formalité, j'ai réservé une chambre à l'hôtel Saint-Georges. Quelques jours avant mon départ, rassemblant mes souvenirs et mes discussions sur la petite et grande histoire, j'ai listé les endroits qui ont marqué les miens là-bas. Les lieux et les dates sont toujours le début du récit, ou, en tout cas, les seules réalités qui ne soient soumises à aucune interprétation. Ils sont également écrits sur ce cahier noir.

Maison de Mamie Élisa rue de la Fontaine-bleue
Appartement Rue de Lyon
Rue Valentin-Hauy à Al Bliar
Entrepôt et bureau de Georges

Cimetière Saint-Eugène
La Madrague

À l'approche de ce départ, je sens mon père angoissé. Je sais pertinemment que je ne risque rien, et lui aussi le sait sûrement. Il insiste pourtant pour que je n'y aille pas seul. « On est marqués avec ce pays, ne fais pas l'idiot », m'a-t-il dit une semaine avant. Là est la raison de ses craintes, une peur bien mystique sortie de la nuit de l'hiver algérien. Ce pays a presque un flic par habitant. Alors oui, c'est vrai, dans ce monde instable, il peut y avoir à tout moment des sursauts géopolitiques, avec leurs lots de dommages collatéraux sur les voyageurs étrangers. Oui, même si le risque était infime, je pouvais être victime de cette ignoble diplomatie du chantage, qui consiste à arrêter un voyageur étranger sans cause réelle, et monnayer son renvoi au pays. Pourtant, ce n'est pas cette dystopie qui empêche Pierre Fier de dormir, mais la crainte que l'absurde vienne frapper à notre porte une nouvelle fois. Il a dit « marqués ». Il n'a pas parlé de chance, ou de situation compliquée, non, une bonne vieille marque à la fois tribale et religieuse, enfouie dans le plus profond des récits. Nous sommes donc marqués, le mystère revient à la surface, laissant derrière la rationalité.

Nous avons depuis plus de vingt ans un ami franco-algérien : il fait partie de notre famille et nous de la sienne. Tout le monde se rappelle, au pic des manifestations des Gilets jaunes, on parlait alors d'acte VIII, ce fou furieux qui défonça à coups de poings les boucliers en plexi d'une colonne de CRS. Il avançait garde haute les faisant reculer. Avant de taper sur des CRS, Christophe Dettinger cognait avec des gants sur d'autres mecs munis de gants, au milieu d'un ring. Il a été champion de France de boxe anglaise des poids lourds légers, et c'est face au Chinois qu'il avait arraché sa ceinture en 2007. Le Chinois, ce colosse de 1 m 96 pour 120 kg, c'est comme ça que l'on appelait Camel en raison de ses petits yeux bridés. Avec ce physique qui me faisait penser aux gravures de guerriers mongols accompagnant l'épopée de Gengis Kahn, il aurait eu une très belle place dans l'entourage du grand méchant d'un James bond, encore mieux que Requin, je pense. Mon père l'avait rencontré à une soirée dont il gérait la sécurité. Ils avaient échangé leurs numéros, et il me l'avait présenté par la suite. Nous nous étions tout de suite entendus, et pendant des années, je m'étais entraîné avec lui, le suivant dans toutes les salles de boxe de Paris et sa banlieue. Il disparaissait et réapparaissait, un jour en train de distribuer des victuailles, un autre à inaugurer un gymnase. Je le voyais sur Facebook avec tel maire ou tel député de Seine-Saint-Denis, jamais en avant. Un politicien sans titre, un boxeur sans violence, un géant discret. Épaules massives, cou large et bas, bras durs comme de la pierre et surtout, peu de mots. Quand Camel parle, les gens l'écoutent. Il a cette langue bien à lui, mélange de titi parisien et d'expressions de banlieue : Marcel Cerdan qui jouerait dans *La Haine*. Un jour, il m'a montré une vieille affiche d'un combat de son père également boxeur et j'ai tout compris. La teinte un peu sépia, lui en garde, large short noir et blanc, bien en appui sur ses jambes, torse nu. Une attitude d'où émanent l'humilité et l'élégance que seuls les plus grands combattants du noble art ont.

Jusqu'au jour du départ, mon père n'a pas arrêté de m'envoyer des noms de lieux et de rues à voir : le bois des Cars, Sidi Ferruch… Je venais de Londres et Camel de Paris, nous devions atterrir à peu près à la même heure. Il m'avait prévenu qu'un ou deux potes à lui seraient là pour nous accueillir. Je suis sorti de l'aéroport en dix minutes, je n'ai jamais vu autant de douaniers. Une première impression du pays un peu étrange. Un aéroport vide avec beaucoup de fonctionnaires, des lampes et des fenêtres cassées, mais, en revanche, un balayeur tous les deux mètres. Je m'attendais à sentir la présence autoritaire de l'armée et ce ne fut pas le cas. Dans le hall des arrivées, je retrouve la bande de Camel que je ne connais pas. Au centre, un homme chauve et énergique aux yeux verts. Il me rappelle Doron de Fauda. À côté de lui, Saïd : une bonne bouille ronde, corpulent, en chaise roulante à cause d'une polio qui l'a touché très jeune. Ils me mettent tout de suite à l'aise. Je comprends que l'homme chauve dirige la sécurité de l'aéroport. Il y a aussi le cousin de Saïd qui a besoin de son aval pour faire la moindre chose. L'équipe attend Camel dans la bonne humeur. Il tarde à arriver. Je suppose que la douane doit prendre du temps. « La bureaucratie, on a pris ça des Français », me répond Doron. Camel finit par nous rejoindre, au bout d'une heure et demie. Il est avec un autre ami – corps nerveux, débit rapide, j'apprendrai qu'il est député de Kabylie. Tout le monde s'embrasse chaleureusement avec quelques taquineries. Camel me présente au député.

— Voilà, mon pote vient un peu en pèlerinage. Son père est né ici, et son oncle était un grand membre du FLN.

Cette présentation donne le ton. Il y a des choses à mettre en avant et d'autres à éviter. La mort de mon grand-père assassiné par un membre du FLN en dit plus sur mon histoire que la mention de cet oncle que j'ai à peine connu, mais ce n'est pas une bonne idée d'en parler. Nous nous rasseyons et prenons un troisième thé. Chaque fois que l'on s'apprête à partir, un ami de Camel croise une connaissance et ça repart pour un nouveau protocole de salutations et d'embrassades. Je me rends compte que Camel a prévu de faire tout en groupe. Pour acheter une baguette de pain, nous sommes cinq, une carte de téléphone, cinq également, ça prend beaucoup de temps pour arriver à l'hôtel.

Il fait presque nuit, et j'ai voulu marcher seul dans les rues. Camel et ses potes sont allés rencontrer d'autres amis. Le quartier commence à s'éveiller, les gens semblent sortir comme des fourmis de chaque ruelle, il y a beaucoup de trafic. Je me rends compte assez vite qu'il n'y a quasiment plus aucune femme. Je m'aventure dans des petits escaliers qui semblent se jeter dans une mer d'huile. C'est une chose assez étrange que d'être entouré de façades d'immeubles à l'architecture française dans un autre pays. Ils ont une particularité qui s'accorde vraiment bien avec le paysage et que je n'ai jamais vue ailleurs, de l'haussmannien arrondi. Oui, c'est ça, ces immeubles me font penser à des brioches. Toutefois, la beauté urbaine que mon père m'a tant contée semble avoir disparu. Tout est délabré, les fils électriques dégoulinent, les balcons, où l'on entrepose n'importe quoi, semblent prêts à céder. J'apprendrai bientôt que les parties extérieures des appartements récupérés ont été converties en pièces ou en débarras. Quand on marche dans Alger, on craint toujours de se prendre un objet sur la tête. Avant que la nuit ne tombe totalement, c'est cette usure verticale qui m'interpelle. J'ai déjà vu dans d'autres pays des immeubles en lambeaux, des quartiers à l'abandon, mais pas ceux des villes françaises... C'est sûrement ça qui me trouble. Alger la blanche n'est plus blanche, mais grise. Cette ville, ce premier soir, me fait l'impression d'un beau coquillage qu'on aurait sorti de la mer depuis bien longtemps. La calcite s'est usée, l'apparence est encore là, souvenir de ce qu'elle était, mais quand on regarde de plus près, tout est mort. Alger me paraît être une coquille vide et délaissée.

Le lendemain, Camel doit passer me chercher avec Saïd, mais il est en train d'organiser un combat de boxe ; il ne sera pas libre avant l'après-midi. J'avais croisé, une semaine avant de partir, un ami qui tournait un film ici, et qui m'avait donné le numéro d'un chauffeur, Rabah. Comme ce dernier me le dit au téléphone, il n'y a qu'un touriste en ce moment à Alger et c'est moi, il est donc disponible et vient me chercher au Saint-Georges en moins d'une heure. Je lui donne les adresses que je veux visiter, rue de Lyon, rue de la Fontaine-bleue..., lui explique pourquoi je suis là, sans non plus trop entrer dans les détails. Il parle vite, semble assez nerveux et secoue beaucoup la tête.

— Pour trouver les rues, ça va être un peu compliqué. Nous avons changé tous les noms français pour les remplacer par les noms des martyrs. Le mieux est de commencer par le cimetière Saint-Eugène, et d'ici demain j'aurai trouvé les noms arabes.

Il n'a pas dit « combattants », « morts pour la patrie », non, il a dit « martyrs ». Un martyr est une personne qui a souffert, qui a été mise à mort par un oppresseur pour avoir refusé d'abjurer sa foi. Le choix de ce mot, lié à ce qui est le plus présent dans une ville, les rues, dit plus de choses que n'importe quelle analyse historique. Du soir au matin, les Algériens sont enfermés dans le dédale de leurs souffrances. Les plaques de ces allées, rues, boulevards leur rappellent qu'ils doivent tout à ceux qui se sont sacrifiés pour les libérer de l'oppresseur. Cette ville me fait penser aux *Mouches* de Sartre : on est à Argos, pendant l'Antiquité. Comme souvent dans les tragédies, ça parle des Atrides. Le petit Oreste devenu grand revient venger son père Agamemnon tué par Égisthe, l'amant de sa mère Clytemnestre, qui est maintenant devenu roi. Et ce crime, tel un péché originel, a plongé toute la population d'Argos dans un repentir permanent pour l'expier, ce qui permet au vicieux Égisthe de maintenir son pouvoir. Le jour de la fête des morts, tous les esprits viennent tourmenter les vivants pour leur faire payer leurs fautes. Le deuil et la tristesse sont partout, les habitants sont devenus des ombres empêchées par leur passé commun de retrouver la société des hommes. Seul

Oreste s'opposera et portera le poids de la conscience collective. Il y a quelque chose de très oppressant dans cette pièce. On visualise une prison sans barreaux que chaque citoyen accepte pourtant, car il se sent coupable. Je ne connais pas de texte plus macabre. On sent l'emprise de la folie d'un système autoritaire sur un peuple.

Rabah me sort de mes pensées.

— Vous voulez écouter un peu de musique? On a tout: du raï, de l'andalou, du chaabi…

— OK pour l'andalou.

— Ah, on n'a pas d'andalou…

— Le raï ira très bien.

Nous nous garons devant une porte cadenassée.

— L'accès doit se faire par la partie chrétienne. Je ne connais pas les horaires, je peux me renseigner et on y retournera à un autre moment.

— Attendez-moi là. J'ai vu l'entrée principale plus bas. Je vais y aller à pied.

Encore une façade coloniale, une grille massive entourée de murs blancs. Un groupe de trois gardiens m'explique que seul le directeur peut me donner le droit d'accès à la partie juive. Il ne reviendra pas avant une heure. J'attends au comptoir d'un petit café en face. Si ce café existe depuis longtemps, c'est peut-être ici que les membres de ma famille se réunissaient à l'issue des enterrements. La tradition veut que nous ne rentrions pas chez nous après une visite au cimetière avant de nous être lavé les mains et avoir pris un café. On ne rapporte pas la mort chez soi. Quand j'y retourne, le directeur est revenu. Il m'emmène dans un bureau rempli de dossiers usés. Il a l'habitude de ce type de requêtes, les morts d'ici n'ont plus de famille dans ce pays, alors, à fréquence irrégulière, des gens comme moi viennent pour rendre hommage aux leurs.

— Quelle date ?

— Pardon ?

— La date de la mort et le nom de la personne que vous cherchez.

C'est la famille de Mamo qui est enterrée à Saint-Eugène, je ne veux pas lui donner trop de noms alors je mentionne celui de mon arrière-grand-père, il s'appelait Léon.

— Et la date ?

— Je ne sais pas trop.

Il est mort brutalement à la trentaine, ma grand-mère était forcément déjà née donc dans les années 1920, je suppose.

— 1921 ou 1922.

Il m'apporte un large cahier qu'il ouvre sur la table.

— Ça, vous l'avez bien fait, les registres sont très bien tenus.

Je vois des petites lignes écrites à la main avec des noms, des dates de décès, des âges et des numéros de rangées. On retrouve de nombreuses fois le même nom de famille, y compris pour la mienne, et je ne vois pas de Léon. J'appelle mon père pour voir si je peux faire un lien avec d'autres prénoms. Il savait que j'allais au cimetière aujourd'hui.

— Allô, je suis à Saint-Eugène.

— Tout va bien ?

— Oui, j'ai le registre des décès sous les yeux, il y a plusieurs personnes qui ont le nom de notre famille, mais je ne trouve ni Léon, ni Élisa. Il y a un Sadia mort en 1921.

— C'est lui, c'est lui !

Il crie, mais d'une voix bienveillante.

— C'est qui, Sadia ?

— Sadia et Léon, c'est la même personne. C'est mon grand-père, je ne peux pas le croire, tu as retrouvé le caveau de la famille, la date correspond. C'est incroyable.

— Je vais aller voir les tombes et je te rappelle après.

Pour aller dans la partie juive, je suis les pas d'un homme à travers le cimetière chrétien. Ce cimetière est une plaine qui contemple Notre-Dame d'Afrique d'un côté, et qui donne sur une rue morne de l'autre. Plus j'avance, plus la tristesse me gagne. Les stèles ne sont pas entretenues, la plupart sont brisées et attaquées par des racines d'arbres. La seule partie qui ressemble à ce qu'on attend d'un cimetière est le carré réservé aux zouaves – des rangées de croix simples et symétriques. Une petite arcade marque l'entrée de la partie juive. Ma désolation est totale. Ce cimetière est ravagé, des morceaux de stèles jonchent le sol. Proches du mur qui sépare de la rue, des montagnes de détritus souillent les tombes. J'ai envie de vomir. Je peux comprendre beaucoup de choses, tenter d'aller au bout du relativisme, me mettre à la place du fellagha qui prend les armes pour la liberté, saisir l'ivresse de la victoire et la gestion chaotique de l'après, mais ça, non, je n'y arrive pas. Un État qui ne protège pas les morts qui reposent sur son sol est indigne. Je ne trouve pas le caveau des miens et je sais qu'il ne sert à rien que je m'attarde ici, je ne le verrai pas. Cet endroit m'oppresse, je ressens le pire de la mort et du souvenir. Il y a quelque chose de sale et de très dur, ce n'est pas un endroit d'hommes. Je retourne au café, mon père me rappelle et je le lui dis. Il est bien plus navré que je ne le suis.

— Franchement, beaucoup de Juifs ont œuvré pour les Arabes, même pour l'indépendance. C'est incompréhensible.

— C'est bien que tu aies fait rapatrier le corps de Georges à Paris.

— Je l'ai senti. Rentre vite, il n'y a plus rien pour nous là-bas.

Il avait fait rapatrier le corps de son père pour l'inhumer au cimetière Montparnasse il y a plus de vingt ans, sans même nous avertir. Il y a forcément eu une cérémonie. J'imagine mon père lors de cette seconde mise en terre, et réalise que c'était la première fois qu'il enterrait son père, dans ce caveau qu'il avait organisé pour nous. Georges était le premier homme à y reposer.

Après le cimetière, je me rends à la plage de La Madrague. Je veux voir ce lieu de joie où mon père allait avec Georges et Mamo. Comme chaque fois que je la regarde, la mer est magnifique à Alger : ronde et douce, tout en étant dense. Elle semble plus paisible et bleue qu'ailleurs, mais cette beauté ne suffit pas à compenser le délabrement et la saleté ambiante. Mon père m'a demandé de retrouver un rocher jusqu'où il nageait depuis le bord. Il a disparu lui aussi. Au retour, nous nous arrêtons pour faire le plein. Rabah est fier de m'apprendre qu'ici il coûte à peine neuf euros. « Les Algériens n'ont besoin de rien », me dit-il.

Dans la nuit, il me laisse un message pour m'apprendre qu'il a trouvé les nouveaux noms de rue : chemin Mohamed-Zekkab pour la Fontaine-bleue, et rue Mohamed-Belouazded pour la rue de Lyon.

Le lendemain matin, j'ai rendez-vous au Milk Bar avec Camel et son pote député. Je marche le long de ce qui était la rue d'Isly, dans la fraîcheur matinale. Un léger vent du Sahara a charrié de fines particules de sable qui recouvrent la ville d'une brume blanche. Cette atmosphère douce et légèrement salée coule en moi, j'ai le sentiment apaisant que seules les petites habitudes de la ville peuvent donner. Ils sont déjà assis quand j'arrive. Le parlementaire m'embrasse chaleureusement. Je sens qu'il m'observe. Nous restons comme ça de longues minutes. J'ai une vue sur un magnifique immeuble, avec de larges arcades qui me font penser à celles de la rue de Rivoli. La statue de l'émir Abdel Kader trône derrière moi.

— Alors, dis-moi, après ces quelques jours, qu'est-ce que tu penses de notre pays ?

Je ne suis pas très à l'aise, car j'ai quand même de sérieuses critiques, mais je n'ai envie de froisser personne, alors je me concentre sur les aspects positifs.

— Je m'attendais à sentir davantage la présence de l'armée.

— Ça, c'est classique, c'est notre mauvaise presse en France.

— Quoi d'autre ?

— La gentillesse des gens.

— Tu as vu cette générosité ? Voilà, ça, c'est le peuple algérien.

— Vous ne voulez pas en profiter pour ouvrir un peu plus le pays ?

— Ouvrir ? Mais le pays est ouvert.

— Je parle du tourisme, ça pourrait faire du bien.

— Écoute, si, bien sûr, mais il faut bien comprendre que les Algériens ne manquent de rien. L'essence ne coûte rien, les produits de première nécessité sont subventionnés… Tu ne verras jamais un Algérien mourir de faim. L'État fait tellement pour le social.

Je me suis souvent demandé ces derniers jours pourquoi le peuple algérien accepte le délabrement de son pays en dépit de la richesse de son sol, pourquoi il s'engouffre comme un seul homme dans cette obsession de la repentance française. Je comprends alors que le point de comparaison n'est pas l'avancée d'autres pays, mais la condition des Algériens sous l'autorité française. Certes, du point de vue de l'éradication de la grande misère arabe, le progrès est considérable, mais au prix d'une perfusion sociale anesthésiante.

— Et puis, tu sais, les Algériens ne veulent pas mettre des costumes coloniaux de larbins devant les hôtels pour amuser les Occidentaux comme au Maroc. Ce n'est pas comme ça ici. Tandis que là-bas, des gens crèvent de faim dans la rue à deux pas du luxe. Ça me dégoûte, cette misère.

— Je passe beaucoup de temps au Maroc, ce n'est pas vraiment comme ça… C'est un pays magnifique avec une grande histoire.

— Et nous, tu crois qu'on n'a pas d'histoire ?

— Je n'ai pas du tout dit ça.

— Tu sais le passé qu'on a ? Les Français disent toujours « avant l'Algérie, il n'y avait rien ». Nous étions même un peuple avant l'Empire ottoman, tu le savais ça ?

Il me parle du chef berbère Bologhine Ibn Ziri. J'ai vu sa statue à l'entrée de la kasbah. Je saisis l'obsession de la construction d'un roman national dont la première page doit prouver que le peuple algérien est entré dans l'histoire il y a bien longtemps.

— Tu parles beaucoup de la France. C'est quoi ta position entre les deux pays ?

— Je ne comprends pas ta question.

— Quelle est ton opinion sur la relation entre la France et l'Algérie ? Et ce qu'elle devrait être ?

— Je vais te dire, l'histoire est très simple : il y a un couple, un homme et une femme, ils se sont mariés et l'un a abusé de l'autre par la force. Voilà, celui qui s'est fait maltraiter ne veut pas grand-chose. Pas d'argent, non. On ne veut pas grand-chose, juste un peu de considération.

Il fait une petite moue et mime une faible quantité avec son pouce et son index.

— Chouya.

— Comme quoi ?

— Rien, juste un peu de respect.

Je vois la France s'épuiser depuis des années à envoyer des signes de repentance. Je réalise ici que toutes ces démarches sont vaines. Face à cette volonté absolue d'une compensation abstraite, il n'y en aura jamais assez. Il faut des actions concrètes pour un rapprochement. J'aurais pu lui répondre que je voulais bien que l'on mette tout sur la table, les attentats et les massacres du FLN aussi, leur rapprochement avec d'anciens militaires nazis, lui demander pourquoi, en soixante ans, l'Algérie n'avait pas pu construire des hôpitaux capables de soigner ses dirigeants qui venaient s'accrocher à la vie en France, pays qu'ils méprisaient tant. Je ne le lui dis rien de tout ça.

— Je comprends.

Je retrouve Rabah à l'angle de la rue d'Isly. Il me dit que ça a été « très difficile » de retrouver le chemin de la Fontaine-bleue. Pour cette maison, je n'ai même pas de numéro et la rue fait plusieurs kilomètres. Comment savoir à quelle porte frapper ? Mon père me l'a décrite : « Une façade avec une entrée pour la maison et une pour le parking. Une cour et un jardin devant. Elle est placée en hauteur avec un escalier qui descend vers la ville. En face se trouve une boulangerie. » Il m'a aussi précisé que dans cette longue rue une partie est exclusivement résidentielle, mais ne peut donner aucune indication géographique, croisement de rues, lieux proches… Il n'en a aucune idée. Rabah me conseille de faire un WhatsApp video en longeant les maisons. Me voilà à pied en ligne avec mon père, lui montrant les façades avec mon téléphone. On arrive au numéro 77. Ce nombre, pour une raison que j'ignore, résonne en moi. Afin d'avoir la plus grande perspective possible, je me poste sur le trottoir d'en face.

— Attends, attends, reviens en arrière. Non, un peu moins, voilà, là. Cette porte, ça me dit quelque chose, le numéro aussi.

77, c'est le nom qu'il a donné à l'une de ses sociétés sans savoir pourquoi.

Je sonne et attends de longues minutes. Une dame vient m'ouvrir. Je lui explique ma démarche.

— Bonjour madame, excusez-moi de vous déranger de bon matin. Mon père est né à Alger, il a habité dans une maison de cette rue jusqu'à cinq ou six ans. Il m'en a beaucoup parlé et je crois que c'est cette maison. Est-ce que je pourrais entrer un instant ?

— Oui, bien sûr.

J'apprendrai par la suite que les Algériens, dans leur très grande majorité, ouvrent toujours leur porte aux exilés et à leurs héritiers en quête de racines. Cette dame semble spécialement heureuse de me recevoir. Mon père est sur haut-parleur.

— Tu es rentré ? Tu es rentré ?

Je lui montre la porte, la cour, l'escalier en pierre et à l'intérieur, la cuisine à droite…

— Ça ressemble. Devant, il doit y avoir un grand salon et une terrasse magnifique.

Il y a bien deux salons. Je vais vers la terrasse et en marchant j'incline mon téléphone vers le sol. J'entends mon père en sanglots. Il pleure comme un enfant qui a perdu son père. C'est comme si un verrou avait lâché, il ne peut pas se retenir. Il a tout de suite reconnu le carrelage.

— C'est la maison de ma grand-mère.

Il répète cette phrase en pleurant et je pleure moi aussi sans qu'il le voie. Je vais dehors. Nous savons tous les deux que c'est la même maison, mais comme pour le confirmer, il me demande de lui montrer la vue depuis la terrasse, sur la droite.

— Recule, encore un pas, un de plus, lève un peu ton téléphone. Voilà, attends, je vais t'envoyer une photo, tu vas tout de suite comprendre.

Je reçois un cliché de Corine avec Mamo, l'une sur une chaise et l'autre nonchalante, presque allongée sur la rambarde. Il n'y a pas de doute possible. J'ai pris moi aussi une photo au même endroit. C'est une chose très étrange de voir ces deux clichés côte à côte. Je reste un long moment là où mon père enfant jouait et où Mamo avait dû passer beaucoup de beaux moments. Je sens une vie douce ici. Ce perron, avec cette rambarde de pierre, abrité par les arbres, qui protégeaient ma grand-mère de la brûlure du soleil, me semble être une oasis. J'ai l'impression d'avoir trouvé un morceau d'univers immaculé et indestructible, qui est la source vive d'où jaillit le feu des miens. La maison lui paraît sans doute plus petite que dans son souvenir, et il veut garder son rêve intact.

À cet endroit précis, sur cette terrasse, je me sens bien. Il se met à pleuvoir, de fines gouttes dans lesquelles se reflète le soleil et qui ajoutent de la douceur à cette matinée. Je reste assez longtemps à regarder la baie d'Alger. Ma plénitude coule. Je suis bercé par une tristesse qui n'est pas la mienne ; je pense à mon père, à Mamo et à Georges, à leur malheur. Je vois mon père enfant, insouciant de ce qui l'attendait quelques années plus tard, et ça me brise le cœur. Oui, il y a quelque chose de très triste dans ces destins, l'arrachement à la terre, les morts brutales, mais ce n'est pas le principal, finalement. Ici, sur cette terrasse désuète aux carreaux délavés qui ont fait ressurgir un monde englouti, en contemplant la baie d'Alger, j'ai l'impression d'avoir fait un voyage jusqu'au bout de la vérité, d'avoir touché cet infime point qui est l'essence de notre famille, et qui demeure, en dépit des maisons abandonnées et des pays perdus. Cette pointe d'or qui nous éclaire dans la nuit la plus noire, c'est notre imagination. Avec le terreau fertile de cette vie à Alger, mon père a construit son histoire et forcément un peu la nôtre. Je n'ai jamais été aussi proche des miens, et pourtant ce que je ressens est la splendeur de la solitude. Ces graines de cultures et de coutumes sont ancrées au plus profond de moi et, au mitan de cette vie, elles agissent comme une boussole adaptable qui me guidera où bon me semblera.

La propriétaire a eu la délicatesse de me laisser seul, et puis elle est venue s'asseoir à côté de moi me proposant une des oranges du jardin. Elle m'explique qu'elle habite ici avec son mari et ses belles-sœurs, que la maison appartient à la famille de son époux. Après l'indépendance, on a donné un nom à ces centaines de milliers de maisons abandonnées par les exilés : « les biens vacants ». La première personne à prendre possession des lieux devient le propriétaire officiel, il faut simplement s'enregistrer à la conservation foncière et payer une somme modique à l'État. Un cadastre sauvage constitué d'autoproclamations, des appartements vides sans notaires pour les acquérir, ni syndics pour gérer les parties communes. Cela explique l'état de délabrement.

— C'est Bernard, le frère de votre grand-mère, qui a laissé cette maison à mon père après l'indépendance. Ils étaient des amis intimes.

— Et vous êtes bien ici, en Algérie ?

— Oui, surtout dans cette maison. L'Algérie est un beau pays. Vous savez, ça a été très dur pendant la décennie noire, nous avons été abandonnés du monde. Moi, j'ai toujours refusé de mettre le voile. Heureusement, finalement, l'armée nous a sauvés, sans cela nous étions bons pour finir comme l'Iran.

— Et aujourd'hui ?

— Vous savez ce qui est beau ici ? Il n'y a pas d'extrême pauvreté, nous ne laissons personne mourir de faim. Il n'y a pas beaucoup de pays comme ça.

— Vous avez raison.

Elle pose sur la table une théière avec deux verres et une assiette de belles dattes.

— Vous vous sentez bien vous aussi ici, n'est-ce pas ?

— Oui, très.

— Cette maison a quelque chose de particulier, vous savez. Du temps de vos arrière-grands-parents, pendant la guerre, elle abritait des parachutistes anglais et américains. Après, ça a été un lieu de rencontre d'intellectuels proches de la cause algérienne avec vos deux tantes communistes. Mon père a respecté cette ligne de justice : il a hébergé plus de cent orphelins.

C'est vrai que je ressens quelque chose de fort et d'étrange, comme si je me trouvais chez moi dans mon petit coin préféré, un endroit dont la matière se fondrait en moi. En nous quittant, nous échangeons nos numéros avec Tina.

— Merci infiniment. Vraiment, vous ne savez pas le cadeau que vous m'avez fait.

— La porte des Algériens sera toujours grande ouverte à ceux qui sont en quête de leurs racines. C'est la moindre des choses.

Avec Rabah, nous nous rendons ensuite dans l'ancienne rue de Lyon, au 41, dans l'appartement qu'occupèrent mes grands-parents pendant quelques années. Il n'y a plus de Lion d'Or en bas. Les numéros n'ont pas changé, c'est le même immeuble. Mon père se rappelle une jardinière où il jouait dans le sable avec ses tracteurs à côté du palier. Ça m'aide à trouver la porte de l'appartement. La jardinière est vide, c'est vraiment triste une jardinière sans rien. Il y a peu d'images durant ce voyage qui ont pour moi autant marqué l'usure du temps sur les choses que ces bacs de béton vides. J'ai aussi vu ce balcon sur lequel ma grand-mère s'inquiétait de ne pas voir son mari. Après ça, je passe une partie de l'après-midi assis devant la mer sur les ruines de Tipasa et en rentrant à Alger je m'arrête à Al Bliar rue Valentin-Hauys, ce misérable trou noir de notre histoire où Georges a fini sa course. Ni mon père ni ma grand-mère n'y sont jamais allés. C'est presque une ruelle, où deux voitures ne peuvent pas se croiser. J'y arrive à peu près à l'heure où mon grand-père est tombé, nous sommes début décembre et c'était fin janvier, la nuit commence à tomber au même moment. Les immeubles sont anciens. L'endroit est étroit et sombre, avec des tournants tous les dix mètres. Georges s'était garé ici, il devait sûrement y avoir d'autres voitures, laissant encore moins de place pour circuler. Dans un tel espace, le tueur était à quelques mètres seulement. Georges avait dû voir la mort en face. Je prends des photos de ce lieu maudit que j'envoie à mon père.

— C'est exactement comme ça que je la voyais dans mes cauchemars d'enfant. Tu n'es pas trop chamboulé par tout ça ?

— Non, ça va.

— C'est vraiment très triste. Je me sens un peu perdu, je ne sais plus où sont mes racines.

— Vois l'autre côté de la médaille, Papa. Si tu étais resté dans cette maison, tu ne l'aurais pas idéalisée et je pense, moi, que c'est ce rêve arraché qui a fait ce que tu es. Regarde ce que tu as construit au sens propre du terme. Tu as passé ta vie à récréer ce lieu.

Je pense vraiment que là-bas, rue de la Fontaine-bleue, je suis allé à la source de Pierre Fier, le point où tout s'était joué.

— Tu as raison.

Épilogue

Je suis de retour à Londres et nous revivons vraiment ensemble avec Michelle depuis peu. Je ne me rappelle pas le moment précis où ce retour s'est fait. Comme au commencement, les choses se sont déroulées naturellement. Des messages, un manque, des sourires, le sentiment qu'elle est ma famille… Elle n'est plus la même femme. Enfin, si, elle est redevenue celle que j'ai connue, mais dans une plus belle version, car libérée de ses démons. Tout n'est pas idéal, je suis encore tiraillé par mon obsession du départ vers l'inconnu, mais je sais que pour l'instant ma place est ici avec elle et mon fils. Je ne voudrais pas être ailleurs.

J'ai fait un peu de tri dans mes affaires, livres et papiers, et je suis tombé sur des lignes que j'avais écrites à huit ans. J'ai trouvé ce bout de papier dans un vieil exemplaire de *Gatsby*. Je pense l'avoir écrit bien avant de lire Fitzgerald et je me souviens pourquoi je l'ai placé dans ce livre-ci. Il y a beaucoup de raisons d'aimer *Gatsby*. Quand je l'ai lu la première fois, je devais avoir seize ans et pour moi tout le secret de ce type, qui menait une vie au-delà de la vie, résidait dans la dernière page. Toute sa volonté de revanche, ses rêves de grandeur, cet hubris s'expliquaient dans ces dernières lignes de Fitzgerald. « Demain, nous courrons plus vite, nos bras s'étendront plus loin… Et un beau matin… C'est ainsi que nous avançons, barques luttant contre un courant qui nous rejette sans cesse vers le passé. » À huit ans, la vérité de ce que l'on est peut sortir d'un jet avec une pureté de cristal. J'avais imaginé ce que ma vie pourrait être. J'avais oublié cette projection ; pourtant, j'aurais gagné du temps : tout était là, sous la plume de l'enfant que j'étais.

Je referme le livre et pense à mon fils.

Difficile d'écrire une lettre à quelqu'un dont on sait qu'il la lira dans plusieurs années. Encore plus compliqué quand cette personne est votre fils, et que l'on ne veut pas l'influencer, tout en sachant que ces mots l'influenceront.

Tu as trois ans, cet âge où les enfants sont des petits pains au lait tout droit sortis du four. Oui, James, tu en as la couleur, l'odeur, la chaleur. J'écris à un petit pain au lait tout chaud. J'aurais même pu commencer cette lettre par « cher petit pain au lait ».

Tu as surtout cet âge où tant de choses se jouent, sans que ni toi ni nous, tes parents, les percevions toutes. Tu vis, chaque jour sous nos yeux, des grandes joies et des affreux drames. La nuit, tu vois parfois des tigres ou des araignées et tu nous appelles à l'aide. Le plus souvent, ces petits faits deviennent des souvenirs qui s'évaporent. Je sais que la même scène, la même discussion pourra avoir une signification et même une réalité différente pour toi, ta mère ou moi. Depuis que tu parles, j'essaie de comprendre l'enfant que tu es. Ton regard est encore neuf sur ce monde et les choses qui te touchent ou te dérangent construiront davantage l'homme que tu deviendras que toutes les plus profondes réflexions que tu auras par la suite, adolescent, adulte et vieillard. James, je pense que notre vie est aussi une quête pour retrouver l'enfant en nous que nous avons abandonné ou peut-être est-ce lui qui nous a laissé voguer jusqu'à ce que nous ressentions au plus profond de nous le cruel besoin de le ramener à la surface.

Laisse-moi te dire quelques mots sur toi aujourd'hui, mon petit pain au lait. Tu aimes jouer seul, et quand tu as un nouveau jouet, tu ne peux te concentrer sur rien d'autre. Tu as une obsession des roues et quand tu as une voiture entre les mains, tu la fais rouler en te couchant au sol pour voir comment les roues tournent. Tu fais ça avec toutes les choses en mouvement, celles qui le plus souvent ont un moteur. Tu comprends bien que cela ne marche pas tout seul, alors tu veux savoir ce qu'il y a derrière. La première fois que je t'ai emmené au manège, tu n'en as rien eu à faire des chevaux et des carrosses, non, tu t'es couché pour voir sous le plateau comment toute la structure fonctionnait. Je te dis ça car je crois que ce sont justement ces petites choses qui paraissent anodines, mignonnes, comme on dit, et qui se développent sans que l'on comprenne pourquoi, qui nous définissent le plus. Moi je voulais être non pas flic ou pompier mais berger. J'ai retrouvé un vieux papier que j'avais écrit à huit ans, eh bien tout était là, mais je l'avais oublié. Il était écrit aussi que je me marierais avec la plus belle femme du monde, que j'aurais des hôtels et que j'écrirais des livres.

Tu peux aussi rester silencieux avec ton regard bleu, dans lequel je vois toute la beauté du monde, à contempler un objet, un nuage. Je veux te transmettre tant de choses, mais je sais que chacun des mots que je prononcerai pourra avoir un destin qui m'échappe. Tu sais, en pensant à toi, à nous, au miracle d'un lien qui se crée et qui dure, je me dis que cela revient à marcher sur une ligne de crête. Comment te transmettre une part de ce que je suis sans t'enfermer ? Comment guider sans ordonner ? J'aime ma culture, ma religion, me sentir à l'aise entre ma patrie la France et l'Orient d'où nous venons. Je ne veux pas que tu sois un prolongement de moi ou même que tu sois comme je le voudrais, non, mon plus grand souhait est que tu deviennes ce que ce gamin rêveur, obsédé par la mécanique des roues, veut.

Je vais te faire une confidence : je ne crains pas grand-chose en ce monde, même plus la voix blanche de mon propre père, mais je suis pétrifié à l'idée que nous passions à côté l'un de l'autre par erreur ou malentendu, que nos perceptions

soient faussées. Des incompréhensions et des petites guerres, nous en aurons. Oui, notre relation connaîtra des heurts, peut-être des blessures. Il faudra que et toi et moi ayons la force de tenter de comprendre l'origine des comportements de l'autre. S'il y a bien deux choses que je veux te transmettre, ce sont la nuance et l'esprit critique.
Des questions sur le sens des choses et la conduite de ce monde, toi aussi tu t'en poseras. Peut-être qu'à un moment tu te demanderas comment être un bon fils. Tu vois, trente-neuf ans nous séparent et je me pose la même question à l'envers, sans avoir la réponse. Je ne sais pas ce que c'est d'être un bon père, si je fais bien avec toi. Beaucoup d'éléments dans ce monde sont à relativiser, sauf l'essentiel, et l'essentiel est notre socle. Le tien ne sera peut-être pas le même que le mien et je suis là pour t'aider à le trouver.
C'est pour ça que je voulais tant, en dépit de mon long exil, que ta langue soit la mienne, le français, et la première chose que j'ai faite en arrivant à Madrid, c'est écrire un long courrier à une directrice de maternelle pour que tu sois accepté en petite section au lycée français. Je ne connais pas de plus belle littérature que la littérature française et je voulais nous laisser une chance de partager cela ou, en tout cas, de ne pas avoir de barrières d'interprétation dans nos échanges. Il peut déjà y avoir tellement d'obstacles en parlant le même langage.

Le flambeau qu'un père tend à son fils peut assombrir sa vie en l'empêchant. Je veux que cette torche que je mets dans ta main te réchauffe pour toujours de l'intérieur. Que cette petite flamme que tu sentiras brûler soit un logis éternel. Avec cette petite lampe, tu pourras aimer tout ce que tu veux de neuf et rejeter ce que tu veux d'ancien. Détruire tout est une folie, ne rien ajouter un échec ou du moins d'un grand ennui.

J'aurais pu t'écrire tout ce que les pères peuvent écrire à leur fils : bien sûr, mon fils, nous irons en haut des montagnes et parcourrons les mers. Toi aussi, si tu le souhaites, tu nageras jusqu'à la tête de chien, mais tout ce qui fait partie de mon histoire n'est qu'un champ des possibles. Ta mère est brésilienne, elle a vécu toute sa vie aux États-Unis, je suis un Français, juif et fils de pieds-noirs d'un côté et arrière-petit-fils de déportés de l'autre, et naturalisé britannique. Toi, tu es né au Royaume-Uni et tu habites aujourd'hui en Espagne, ça fait beaucoup d'origines sans parler de la Méditerranée et du Maroc. Toutes ces cultures sont les tiennes, sens ce qui te sied, le monde est à toi.

Je te le dis, mon fils, épouse ta famille et n'épouse pas ta famille.

Épouse ce que je suis, mais prends tes distances avec moi aussi.

Épouse ta patrie, mais n'épouse pas ta patrie.

Épouse ta famille, mais n'épouse pas ta famille.

Sois et reste fidèle à l'enfant que tu es, aie pour seules maîtresses la curiosité et la connaissance.
Tu es un Fier, deviens l'homme que tu veux.
Je serai si tu le veux à côté de toi tout au long du chemin.

Papai

Remerciements

À mon éditrice, Julie Daniel, simplement parce que je n'aurais pu imaginer de dialogue plus sincère et simple que celui qui fut le nôtre pour que ce livre soit tel qu'il est.

À Thibault de Montaigu, compagnon de tant d'aventures passées et à venir, qui depuis le tout début m'a entouré de sa bienveillance et de sa générosité sur le chemin de la littérature.

À Saïd Hejal, ce frère ami, si présent, dont le regard sage s'est posé à côté du mien à la fois sur les rives de Tipasa et les cimes du mont Blanc.

Et bien évidement à ma mère Yveline, à Jeisa, et encore à Julia : tant de nos discussions ont nourri ce roman.

PAPIER CERTIFIÉ

Achevé d'imprimer par Laballery,
en mai 2024
N° d'imprimeur : 404600
Dépôt légal : septembre 2024

Imprimé en France